PARTE I

Aldous Huxley
(1894-1963)

Aldous Leonard Huxley nasceu em 26 de julho de 1864 em Godalming, Surrey, Inglaterra, em uma família com grande proeminência na sociedade inglesa. Os Huxley foram influentes nas áreas da ciência e da literatura sobretudo em função de Thomas Henry Huxley, avô de Aldous, e Matthew Arnold, seu tio-avô materno.

Três acontecimentos traumáticos marcaram a vida do escritor. Em 1908, sua mãe morreu de câncer. Dois anos mais tarde, ele foi obrigado a abandonar os estudos no tradicional Eton College devido a uma grave infecção nos olhos que quase o cegou e que deixou sua visão comprometida pelo resto da vida. Algum tempo depois, o suicídio de seu irmão Trevenen o privou da pessoa que lhe era mais próxima. Esses acontecimentos tiveram influência direta sobre Huxley e permeariam toda a sua obra.

Ele acabou recuperando a visão o suficiente para se formar com honra pela Universidade de Oxford, mas não o bastante para servir no exército britânico. Lecionou francês em Eton para se recuperar de dívidas, tendo Eric Blair, que viria a tornar-se George Orwell, entre seus alunos. Durante a Primeira Guerra Mundial, Huxley passou grande parte do tempo em Garsington Manor, propriedade que se tornou ponto de encontro de diversos intelectuais do grupo de Bloomsbury, como Bertrand Russell e D.H. Lawrence. Ele eternizaria essas experiências em *Crome Yellow* (1921), primeiro de uma série de romances e novelas.

Ensaísta, poeta, romancista e roteirista de cinema, foi com *Admirável mundo novo* (1932) que Huxley se consolidou como escritor. Nesse romance, ele idealizou um futuro distópico, onde não há ética religiosa nem valores morais. A obra abriu espaço para a discussão sobre o uso de drogas e sobre os valores que regem a sociedade e serviu de fonte de inspiração a escritores como Anthony Burgess, George Orwell e Ray Bradbury.

Huxley foi também um entusiasta do LSD, defendendo o uso responsável como parte de um processo de autoconhecimento. Nos ensaios de *As portas da percepção* (1954), explorou as experiências com a mescalina descrevendo seus pensamentos sob o efeito da droga.

Morreu de câncer em 22 de novembro de 1963, mesmo dia da morte de John F. Kennedy, e deixou um legado no qual a linguagem em combinação com a grande curiosidade intelectual mudou para sempre a história da literatura.

ALDOUS HUXLEY

Música na noite

& outros ensaios

Tradução de Rodrigo Breunig

L&PM 40 ANOS

Coleção **L&PM** POCKET, vol. 1151

Texto de acordo com a nova ortografia.
Título original: *Music at Night and Other Essays*

Primeira edição na Coleção **L&PM** POCKET: agosto de 2014

Tradução: Rodrigo Breunig
Capa: Ivan Pinheiro Machado. *Imagem*: Valentin Agapov / Shutterstock
Preparação: Patrícia Yurgel
Revisão: Lia Cremonese

CIP-Brasil. Catalogação na Fonte
Sindicato Nacional dos Editores de Livros, RJ.

H989m

Huxley, Aldous, 1894-1963
Música na noite e outros ensaios / Aldous Huxley; tradução Rodrigo Breunig. – Porto Alegre, RS: L&PM, 2014.
256 p. ; 18 cm. (L&PM POCKET, v. 1151)

Tradução de: *Music at Night and Other Essays*
ISBN 978.85.254.3087-8

1. Ensaio inglês. 2. Sociedade. 3. Cultura. I. Título. II. Série.

14-09029 CDD: 824
CDU: 128

Rua Comendador Coruja, 314, loja 9 – Floresta – 90220-180
Porto Alegre – RS – Brasil / Fone: 51.3225.5777 – Fax: 51.3221.5380

Pedidos & Depto. Comercial: vendas@lpm.com.br
Fale conosco: info@lpm.com.br
www.lpm.com.br

Impresso na Gráfica e Editora Pallotti, Santa Maria, RS, Brasil
Inverno de 2014

SUMÁRIO

PARTE IV

TRAGÉDIA E A VERDADE COMPLETA

Havia seis deles, os melhores e mais bravos entre os companheiros do herói. Retornando de seu posto na proa, Odisseu chegou a tempo de vê-los erguidos no ar, lutando, de ouvir seus gritos, a repetição desesperada de seu próprio nome. Os sobreviventes podiam somente olhar, impotentes, enquanto Cila "na boca de sua caverna os devorava, gritando ainda, estendendo ainda suas mãos para mim na luta pavorosa". E Odisseu acrescenta que foi a visão mais terrível e lamentável que jamais viu em todas as suas "explorações dos estreitos do mar". Nós podemos acreditar; a breve descrição de Homero (o símile demasiado poético é uma interpolação posterior) nos convence.

Mais tarde, o perigo superado, Odisseu e seus homens desceram em terra para passar a noite e prepararam seu jantar na praia siciliana – prepararam-na, diz Homero, "habilmente". O décimo segundo livro da *Odisseia* se conclui com estas palavras: "Quando haviam saciado a sede e a fome, pensaram em seus queridos companheiros e choraram, e no meio de suas lágrimas o sono caiu suavemente sobre eles".

A verdade, a verdade completa e nada senão a verdade – quão raramente as literaturas mais antigas alguma vez a contaram! Fragmentos da verdade, sim; todo bom livro nos dá fragmentos da verdade, não seria um bom livro se não o fizesse. Mas a verdade completa, não. Dos grandes escritores do passado, incrivelmente, poucos nos deram isso. Homero – o Homero da *Odisseia* – é um desses poucos.

"Verdade?", você pergunta. "Por exemplo, 2 + 2 = 4? A rainha Vitória subiu ao trono em 1837? A luz viaja numa velocidade de 300 mil quilômetros por segundo?" Não, obviamente você não vai encontrar muita coisa desse tipo na literatura. A "verdade" que acabei de mencionar é de fato não mais do que uma verossimilhança aceitável. Quando as experiências registradas num texto de literatura correspondem com bastante proximidade às nossas próprias experiências reais, ou àquilo que posso chamar de nossas experiências em potencial – experiências, isto é, que sentimos (como resultado de um processo mais ou menos explícito de inferência de fatos conhecidos) que poderíamos ter tido –, nós dizemos, sem dúvida de forma imprecisa: "Este texto é verdadeiro". Mas isso, claro, não é a história toda. O registro de um caso num compêndio de psicologia é cientificamente verdadeiro na medida em que é um relato preciso de eventos particulares, mas também pode atingir o leitor como sendo "verdadeiro" em relação a ele mesmo – isto é, como sendo aceitável, provável, tendo correspondência com suas próprias experiências reais ou potenciais. Mas um compêndio de psicologia não é uma obra de arte – ou é apenas secundária e incidentalmente uma obra de arte. Uma mera verossimilhança, uma mera correspondência da experiência registrada pelo escritor com a experiência lembrada ou imaginável pelo leitor, não basta para fazer com que uma obra de arte pareça "verdadeira". A boa arte possui uma espécie de superverdade – é mais provável, mais aceitável, mais convincente do que o fato em si. Naturalmente; porque o artista é dotado de uma sensibilidade, de um poder de comunicação, de uma capacidade de "levar as coisas a cabo" que os acontecimentos e a maioria das pessoas a quem os acontecimentos ocorrem não têm. A experiência ensina somente aos ensináveis, que não são de maneira nenhuma tão numerosos como nos faria supor o provérbio favorito do papai da sra. Micawber. Os artistas são eminentemente ensináveis e também eminentemente ensinadores. Eles recebem dos acontecimentos muito mais do que recebe a maioria dos homens e conseguem transmitir o que receberam com peculiar força de penetração, que conduz a comunicação pelas profundezas da mente do leitor. Uma de nossas reações mais comuns a uma boa obra de arte literária está expressa na fórmula: "Isto é o que eu sempre senti e pensei, mas jamais fui capaz de formular com clareza em palavras, nem mesmo para mim".

Estamos agora em condições de explicar o que queremos dizer quando afirmamos que Homero é um escritor que conta a Verdade Completa. Queremos dizer que as experiências registradas por ele correspondem com bastante proximidade às nossas próprias experiências reais ou potenciais – e correspondem às nossas experiências não numa única área limitada, mas em todas as etapas do nosso ser físico e espiritual. E também queremos dizer que Homero registra essas experiências com uma força de penetração artística que faz com que pareçam particularmente aceitáveis e convincentes.

Isso basta, então, quanto à verdade na literatura. Homero, eu repito, é a Verdade Completa. Considere como praticamente qualquer outro dos grandes poetas teria concluído a história do ataque de Cila sobre o navio que passava. Seis homens, lembre, foram tomados e devorados diante dos olhos de seus amigos. Em qualquer outro poema exceto a *Odisseia*, o que teriam feito os sobreviventes? Eles teriam naturalmente chorado, bem como Homero os fez chorar. Mas será que teriam previamente preparado seu jantar, e o preparado, ainda por cima, de forma magistral? Será que teriam previamente bebido e comido até a saciedade? E depois de chorar, ou de fato enquanto choravam, teriam desfalecido num sono tranquilo? Não, eles certamente não teriam feito nenhuma dessas coisas. Eles teriam simplesmente chorado, lamentando sua própria desgraça e o terrível destino de seus companheiros, e o Canto teria terminado tragicamente com suas lágrimas.

Homero, no entanto, preferiu contar a Verdade Completa. Ele sabia que até os mais cruelmente enlutados precisam comer; que a fome é mais forte do que a tristeza e que a sua satisfação tem precedência até mesmo sobre as lágrimas. Sabia que os habilidosos seguem agindo com habilidade e obtendo satisfação em suas realizações, mesmo quando amigos acabaram de ser comidos, mesmo quando a realização consiste apenas em preparar o jantar. Sabia que quando a barriga está cheia (e somente quando a barriga está cheia) os homens podem se permitir a extravagância de sofrer, e que a tristeza depois do jantar é quase um luxo. E por fim ele sabia que, mesmo que a fome tenha precedência sobre a tristeza, do mesmo modo a fadiga, sobrevindo, interrompe sua carreira e a mergulha num sono que é tanto mais doce por trazer o esquecimento do luto. Para resumir, Homero se recusou a tratar o tema de maneira trágica. Ele preferiu contar a Verdade Completa.

Outro autor que preferiu contar a Verdade Completa foi Fielding. *Tom Jones* é um dos pouquíssimos livros odisseicos escritos na Europa entre o tempo de Ésquilo e a época presente; odisseico porque nunca trágico; nunca – nem mesmo nos momentos dolorosos e desastrosos, nem mesmo quando coisas patéticas e belas estão acontecendo. Pois elas acontecem; Fielding, como Homero, admite todos os fatos, não se esquiva de nada.

Com efeito, é precisamente porque esses autores não se esquivam de nada que os seus livros não são trágicos. Pois entre as coisas de que eles não se esquivam estão as irrelevâncias que, na vida real, sempre temperam as situações e os personagens que os escritores trágicos insistem em manter quimicamente puros. Considere, por exemplo, o caso de Sophy Western, a mais encantadora, quase que a mais perfeita das jovens mulheres. Fielding, é óbvio, adorava Sophia (ela foi criada, segundo se diz, à imagem de sua primeira e bem-amada esposa). Apesar de sua veneração, porém, ele se recusou a transformá-la numa dessas criaturas quimicamente puras e por assim dizer centradas que só fazem sofrer no mundo da tragédia. Aquele estalajadeiro que tirou a cansada Sophia de seu cavalo – que necessidade ele tinha de cair? Em nenhuma tragédia ele teria (ou melhor, *poderia* ter) desabado sob o peso da jovem. Porque antes de mais nada, no contexto trágico, o peso é uma irrelevância; heroínas devem pairar acima da lei da gravidade. Mas isso não é tudo; o leitor recorde agora quais foram os resultados de tal queda. Tombando de costas direto no chão, ele puxou Sophia por cima de si – sua barriga serviu de almofada, de modo que, por felicidade, ela não veio a sofrer nenhum dano corporal –, puxou-a com a cabeça para baixo. Mas cabeça para baixo significa necessariamente pernas para cima; houve uma exposição momentânea dos mais arrebatadores encantos; os grosseirões na porta da estalagem reagiram com expressões sorridentes ou gargalharam; a pobre Sophia, quando eles a levantaram, corava numa agonia de embaraço e pudor ferido. Não há nada intrinsecamente improvável nesse incidente, que é estampado, de fato, com todas as marcas da verdade literária. Contudo, por mais que seja verdadeiro, é um incidente que jamais, jamais poderia ter acontecido a uma heroína de tragédia. Isso jamais teria sido permitido. Mas Fielding recusou-se a impor o veto do autor trágico; ele não se esquivou de nada – nem da intromissão de absurdos irrelevantes no meio do romance ou do desastre, nem de nenhuma das não menos irrelevantes e dolorosas interrupções, comuns à vida, do curso da felicidade. Ele não queria ser um autor trágico. E não resta dúvida: aquele fugaz vislumbre perolado do encantador traseiro de Sophia foi suficiente para que a Musa da Tragédia se afastasse correndo de *Tom Jones*, assim como, mais de 25 séculos antes, a visão de homens pesarosos primeiro comendo, depois se lembrando de chorar e depois esquecendo suas lágrimas no sono fizera com que se afastasse correndo da *Odisseia*.

Em seu *Princípios de crítica literária*, o sr. I.A. Richards afirma que a boa tragédia se mostra impermeável à ironia e à irrelevância – que ela pode absorver qualquer coisa dentro de si e ainda seguir sendo tragédia. De fato, ele parece fazer dessa capacidade de absorver o não trágico e o antitrágico uma pedra de toque do mérito trágico. Assim testadas, praticamente todas as tragédias gregas, todas as francesas e a maioria das tragédias elisabetanas se revelam deficientes. Somente o melhor de Shakespeare consegue resistir ao teste. Ao menos é o que diz o sr. Richards. Ele está certo? Muitas vezes eu tive as minhas dúvidas. As tragédias de Shakespeare são permeadas, é verdade, com ironia e um cinismo que é muitas vezes aterrorizante; mas o cinismo é sempre idealismo heroico virado perfeitamente do avesso, e a ironia é uma espécie de negativo fotográfico do romance heroico. Transforme o branco de Troilo em preto e todos os seus pretos em branco, e você tem Térsites. Invertidos, Otelo e Desdêmona se transformam em Iago. O negativo da branca Ofélia é a ironia de Hamlet, é a obscenidade ingênua de suas próprias canções loucas; da mesma maneira que o cinismo do louco Rei Lear é a negra sombra-réplica de Cordélia. Só que a sombra, o negativo fotográfico de uma coisa, não é de modo algum irrelevante. As ironias e os cinismos de Shakespeare servem para dar profundidade a seu mundo trágico, mas não para lhe dar amplitude. Se o tivessem ampliado, como as irrelevâncias homéricas ampliaram o universo da *Odisseia* – ora, nesse caso, o mundo da tragédia shakespeariana teria deixado de existir automaticamente. Por exemplo, uma cena mostrando um enlutado Macduff* comendo seu jantar, ficando cada vez mais melancólico com seu uísque, pensando na esposa e nos filhos assassinados, e depois, com cílios ainda molhados, se jogando na cama para dormir, seria verdadeira o bastante no que diz respeito à vida; mas não teria uma verdade de arte trágica. A introdução de uma cena como essa mudaria por inteiro a qualidade da peça; tratada nesse estilo odisseico, *Macbeth* deixaria de ser uma tragédia. Ou tome o caso de Desdêmona. Os comentários brutalmente cínicos de Iago sobre o caráter dela não são de modo algum, como vimos, irrelevantes à tragédia. Eles nos apresentam imagens negativas da real natureza de Desdêmona e dos sentimentos que ela tem por Otelo. Essas imagens negativas são sempre *dela*, são sempre reconhecivelmente propriedade da heroína-vítima de uma tragédia. Ao passo que, caso ela tivesse tombado quando saltou em terra no Chipre, como a não menos requintada Sophia tombaria, e tivesse revelado as indecências das roupas íntimas do século XVI, a peça já não seria o *Otelo* que conhecemos. Iago poderia gerar uma família de pequenos cínicos e a dose existente de amargura e negação selvagem poderia ser duplicada e triplicada; *Otelo* ainda

* Em *Macbeth*, de Shakespeare, o personagem que suspeita que Macbeth matou o rei, e o assassina. (N.E.)

permaneceria, fundamentalmente, *Otelo*. Mas algumas poucas irrelevâncias fieldinescas destruiriam a obra – a destruiriam, isto é, como tragédia; porque não haveria nada que a impedisse de se tornar um magnífico drama de outro tipo. Porque o fato é que a tragédia e isso que eu chamei de Verdade Completa não são compatíveis; onde temos uma, não temos a outra. Existem certas coisas que nem mesmo a melhor tragédia, nem mesmo a tragédia shakespeariana pode absorver dentro de si.

Para fazer uma tragédia, o artista precisa isolar um único elemento na totalidade da experiência humana e usá-lo como seu material exclusivo. A tragédia é algo que é extraído da Verdade Completa, destilado dela, por assim dizer, como uma essência é destilada da flor viva. A tragédia é quimicamente pura. Daí o seu poder de agir de forma rápida e intensa em nossos sentimentos. Todas as artes quimicamente puras têm esse poder de agir sobre nós de forma rápida e intensa. Assim, a pornografia quimicamente pura (nas raras ocasiões em que acontece de ser escrita num modo convincente, por alguém que tenha o dom de "levar as coisas a cabo") é uma droga emocional de ação rápida, com poder incomparavelmente maior do que a Verdade Completa na sensualidade, ou até mesmo (para muitas pessoas) do que a realidade concreta e carnal em si. É por causa de sua pureza química que a tragédia executa sua função de catarse com tamanha eficácia. Ela refina e corrige e dá um estilo à nossa vida emocional, e o faz com muita presteza, com poder. Colocados em contato com a tragédia, os elementos do nosso ser assumem, ao menos de momento, um padrão ordenado e belo, como a limalha de ferro se arranja sob a influência do ímã. Em todas as suas variações individuais, esse padrão é sempre fundamentalmente do mesmo tipo. Da leitura ou da audição de uma tragédia nós saímos com a sensação de que

Nossos amigos são exultações, agonias,
E amor, e a mente inconquistável do homem;

com a convicção heroica de que também nós seríamos inconquistáveis caso fôssemos submetidos às agonias, de que no meio das agonias também nós continuaríamos amando, podendo até aprender a exultar. É porque faz essas coisas conosco que a tragédia é tida como tão valiosa. Quais são os valores da arte Completamente-Verdadeira? O que ela faz conosco que parece valer a pena fazer? Tentemos descobrir.

A arte Completamente-Verdadeira transborda os limites da tragédia e nos mostra, mesmo que apenas por indícios e implicações, o que aconteceu antes de ter começado a história trágica, o que vai acontecer depois que acabar, o que está acontecendo simultaneamente em outros lugares (e "outros lugares" inclui todas as partes da mente e corpo dos protagonistas não imediatamente engajadas na luta trágica). A tragédia é um redemoinho arbitrariamente isolado na superfície de um vasto rio que corre de maneira majestosa, de maneira irresistível, ao redor, abaixo e em cada lado. A arte Completamente-Verdadeira trama para implicar a existência do rio inteiro bem como a do redemoinho. É um tanto diferente da tragédia, ainda que possa conter, entre outros componentes, todos os elementos dos quais é feita a tragédia. (A "mesma coisa", colocada em contextos diferentes, perde a sua identidade e se torna, para uma mente perceptiva, uma sucessão de coisas diferentes.) Na arte Completamente-Verdadeira as agonias podem ser tão reais, o amor e a mente inconquistável podem ser tão admiráveis, tão importantes quanto na tragédia. Assim, as vítimas de Cila sofrem tão dolorosamente quanto o devorado-por-monstro Hipólito em *Fedra*; a angústia mental de Tom Jones quando ele acha que perdeu sua Sophia, e que a perdeu por sua própria culpa, é dificilmente menor do que a de Otelo após o assassinato de Desdêmona. (O fato de que o poder de Fielding de "levar as coisas a cabo" não seja de forma nenhuma igual ao de Shakespeare é, naturalmente, apenas um acidente.) Mas as agonias e indomabilidades são colocadas pelo escritor Completamente-Verdadeiro em outro contexto mais amplo, com o resultado de que elas deixam de ser o mesmo que as intrinsecamente idênticas agonias e indomabilidades da tragédia. Por consequência, a arte Completamente-Verdadeira produz em nós um efeito bem diferente do produzido pela tragédia. Nosso humor, quando terminamos de ler um livro Completamente-Verdadeiro, nunca é um humor de exultação heroica; é um humor de resignação, de aceitação. (A aceitação também pode ser heroica.) Sendo quimicamente impura, a literatura Completamente-Verdadeira não consegue nos comover tão rápida e intensamente quanto a tragédia ou qualquer outro tipo de arte quimicamente pura. Mas eu acredito que os seus efeitos sejam mais duradouros. As exultações que seguem a leitura ou a audição de uma tragédia são da natureza dos inebriamentos temporários. Nosso ser não consegue manter por muito tempo o padrão imposto pela tragédia. Retire o ímã, e as limalhas tendem a entrar de novo em confusão. Mas o padrão de aceitação e resignação imposto a nós pela literatura Completamente-Verdadeira, embora seja talvez menos inesperadamente belo no desígnio, é (talvez por isso mesmo) mais estável. A catarse da tragédia é violenta e apocalíptica; mas a catarse mais suave da literatura Completamente-Verdadeira é duradoura.

Nos últimos tempos, a literatura se tornou mais e mais agudamente consciente da Verdade Completa – dos grandes oceanos de coisas irrelevantes, acontecimentos e pensamentos se alongando de maneira infinita em todas as direções a partir de qualquer ponto-ilha (um personagem, uma história) que o autor possa escolher para contemplar. Impor a espécie de limitação arbitrária que deve ser imposta por qualquer um que queira escrever uma tragédia tornou-se mais e mais difícil – é agora, de fato, para aqueles que são em mínimo grau sensíveis à contemporaneidade, quase impossível. Isso não significa, é claro, que o escritor moderno deva limitar-se a uma forma meramente naturalista. Alguém pode implicar a existência da Verdade Completa sem laboriosamente catalogar cada objeto dentro do campo de visão. Um livro pode ser escrito em termos de pura fantasia e ainda, por implicação, contar a Verdade Completa. De todas as obras importantes da literatura contemporânea, nenhuma é uma tragédia pura. Não há escritor contemporâneo significativo que não prefira afirmar ou sugerir a Verdade Completa. Por mais diferentes que sejam um do outro no estilo, nas intenções éticas, filosóficas e artísticas, nas escalas de valores aceitos, os escritores contemporâneos têm isto em comum: estão interessados na Verdade Completa. Proust, D.H. Lawrence, André Gide, Kafka, Hemingway – aqui estão cinco obviamente significativos e importantes escritores contemporâneos. Cinco autores tão notavelmente diferentes um do outro quanto muito bem poderiam ser. Eles são aproximados apenas nisto: nenhum deles escreveu uma tragédia pura, todos estão preocupados com a Verdade Completa.

Eu por vezes me perguntei se a tragédia, como uma forma de arte, não pode estar condenada. Mas o fato de que ainda ficamos profundamente comovidos com as obras-primas trágicas do passado – de que podemos ficar comovidos, quando sabemos que não deveríamos ficar, até mesmo com as tragédias ruins do teatro e do cinema contemporâneos – me faz pensar que o tempo da arte quimicamente pura não acabou. Acontece que a tragédia está passando por um período de eclipse, porque todos os escritores importantes da nossa época estão ocupados demais explorando o recém-descoberto (ou redescoberto) mundo da Verdade Completa para serem capazes de prestar qualquer atenção a ela. Mas não há nenhuma boa razão para acreditar que esse estado de coisas vá durar para sempre. A tragédia é valiosa demais para que sua morte seja permitida. E não há nenhuma razão, afinal, para que os dois tipos de literatura – o Quimicamente Impuro e o Quimicamente Puro, a literatura da Verdade Completa e a literatura da Verdade Parcial – não possam existir de modo simultâneo, cada um em sua esfera separada. O espírito humano tem necessidade de ambos.

O RESTO É SILÊNCIO

Da pura sensação à intuição da beleza, do prazer e da dor ao amor e ao êxtase místico e à morte – todas as coisas que são fundamentais, todas as coisas que, para o espírito humano, têm o mais profundo significado, podem ser apenas experimentadas, e não exprimidas. O resto é sempre, em qualquer lugar, silêncio.

Depois do silêncio, aquilo que mais se aproxima de exprimir o inexprimível é a música. (E, de modo significativo, o silêncio é parte integral de toda boa música. Comparada com a de Beethoven ou Mozart, a torrente ininterrupta da música de Wagner é muito pobre em silêncio. Talvez essa seja uma das razões pelas quais ela parece ser tão menos significativa do que as músicas deles. Ela "diz" menos porque está sempre falando.)

Numa modalidade diferente, em outro plano de existência, a música é o equivalente de algumas das mais significativas e mais inexpressivas experiências do homem. Por uma misteriosa analogia, ela evoca na mente do ouvinte por vezes o fantasma dessas experiências e por vezes até mesmo as próprias experiências em sua plena força vital – é uma questão de intensidade; o fantasma é turvo, e a realidade, próxima e abrasadora. A música poderá chamar tanto uma quanto outra coisa; o acaso ou a providência decidem. As intermitências do coração não são sujeitas a nenhuma lei conhecida. Outra peculiaridade da música é a sua capacidade (compartilhada em certa medida por todas as outras artes) de evocar experiências como perfeitas totalidades (isto é, perfeitas e totais em relação à capacidade de cada ouvinte para ter qualquer determinada experiência), por mais parciais, por mais obscurecidas e confusas que possam ter sido as originais assim recordadas. Nós ficamos gratos ao artista, em especial ao músico, por "dizer com clareza o que sentimos mas nunca fomos capazes de expressar". Ouvindo música expressiva, não temos, é claro, a experiência original do artista (que está um tanto fora do nosso alcance, pois flores não nascem na lama), mas temos a melhor experiência de seu tipo da qual a nossa natureza é capaz – algo melhor e mais completo do que qualquer experiência que já tenha nos ocorrido antes de termos ouvido a música.

A habilidade da música para exprimir o inexprimível foi reconhecida pelo maior de todos os artistas verbais. O homem que escreveu *Otelo* e *Conto de inverno* foi capaz de proferir em palavras qualquer coisa que palavras possam de alguma forma ser levadas a significar. E no entanto (fico grato, aqui, a um ensaio muito interessante do sr. Wilson Knight), e no entanto sempre que algo num teor de intuição ou emoção mística tivesse de ser comunicado, Shakespeare recorria com regularidade à música para que fosse ajudado em "levar as coisas a cabo". Minha própria infinitamente pequena experiência em produção teatral me convence de que, se ele escolheu bem sua música, nunca precisou recorrer a ela em vão.

No último ato da peça que foi extraída do meu romance *Contraponto*, trechos do movimento lento do quarteto em lá menor de Beethoven fazem parte integral do drama. Nem a peça e tampouco a música são minhas; de modo que fico à vontade para dizer que o efeito do *Heilige Dankgesang*, quando de fato tocado durante a performance, foi no meu entender, pelo menos, prodigioso.

"Se apenas tivéssemos bastante mundo, e tempo..." Mas essas são precisamente as coisas que o teatro não pode nos dar. Da peça condensada foi necessário omitir quase todo o implícito ou especificado "contra" que, no romance, moderava, ou ao menos pretendia moderar, a dureza dos "pontos". A peça, como um todo, era curiosamente dura e brutal. Irrompendo de súbito neste mundo de dureza quase absoluta, o *Heilige Dankgesang* parecia ser a manifestação de algo sobrenatural. Era como se um deus tivesse descido de modo efetivo e visível, medonho e no entanto reconfortante, misteriosamente envolvido pela paz que ultrapassa todo entendimento, dotado de uma beleza divina.

Meu romance poderia ter sido o Livro de Jó, e o seu adaptador, sr. Campbell Dixon, o autor de *Macbeth*; mas quaisquer que fossem as nossas capacidades, quaisquer que fossem os esforços que tivéssemos feito, teríamos constatado ser completamente impossível expressar por meio de palavras ou ação dramática aquilo que os três ou quatro minutos de violino tornaram, de certa forma, tão luminoso e manifesto para o ouvinte sensível.

Quando o inexprimível tinha de ser exprimido, Shakespeare largava sua pena e lançava mão da música. E se a música também falhasse? Bem, sempre haveria o silêncio ao qual recorrer. Porque sempre, em qualquer lugar e sempre, o resto é silêncio.

ARTE E O ÓBVIO

Todas as grandes verdades são verdades óbvias. Mas nem todas as verdades óbvias são grandes verdades. Assim, é óbvio até o último grau que a vida é curta e o destino, incerto. É óbvio que, em grande medida, a felicidade depende da pessoa e não de circunstâncias externas. É óbvio que os pais geralmente amam seus filhos e que homens e mulheres são atraídos um para o outro numa variedade de maneiras. É óbvio que muitas pessoas gostam do campo e são movidas por aspectos variados da natureza a sentir júbilo, pasmo, ternura, alegria, melancolia. É óbvio que os homens e mulheres são na maioria ligados a seus lares e regiões, às crenças com que foram ensinados na infância e ao código moral de sua tribo. Todas essas, repito, são verdades óbvias e todas são grandes verdades, porque elas são universalmente significativas, porque se referem a características fundamentais da natureza humana.

Mas há uma outra categoria de verdades óbvias – as verdades óbvias que, na falta de significado externo e não possuindo nenhuma referência aos fundamentos da natureza humana, não podem ser chamadas de grandes verdades. Assim, é óbvio para qualquer um que jamais tenha estado lá, ou que até mesmo tenha remotamente ouvido falar do lugar, que existe um grande número de automóveis em Nova York e uma série de edifícios muito altos. É óbvio que os vestidos de noite estão mais longos neste ano e que bem poucos homens usam cartolas ou altos colarinhos engomados. É óbvio que você pode voar de Londres a Paris em duas horas e meia, que existe um periódico chamado *Saturday Evening Post*, que a Terra é redonda e que o sr. Wrigley produz goma de mascar. Apesar de suas obviedades, pelo menos no presente momento – pois poderá chegar um tempo no qual vestidos de noite, sejam longos ou curtos, não serão usados nunca, e no qual o carro a motor será uma curiosidade de museu, como as máquinas em *Erewhon**–, essas verdades não são grandes verdades. Elas poderiam deixar de ser verdadeiras sem que a natureza humana fosse num mínimo grau alterada em qualquer um de seus fundamentos.

A arte popular faz uso, no presente momento, de ambas as categorias de verdades óbvias – das pequenas obviedades assim como das grandes. Pequenas obviedades preenchem (num cálculo moderado) quase metade da grande maioria dos romances, histórias e filmes contemporâneos. O grande público deriva um prazer extraordinário do mero reconhecimento de objetos e circunstâncias familiares. Ele tende a se sentir um pouco inquieto com obras de pura fantasia, cuja matéria de discussão é tirada de outros mundos além daquele no qual ele vive, se movimenta e tem sua existência diária. Os filmes precisam ter uma abundância de carros Ford reais e policiais genuínos e trens indubitáveis. Os romances precisam conter longas e exatas descrições dos aposentos, das ruas, dos restaurantes e lojas e escritórios com os quais o homem e a mulher medianos estão muitíssimo familiarizados. Cada leitor, cada membro do público precisa ser capaz de dizer – com tamanha e tão sólida satisfação! – “Ah, eis um Ford real, eis um policial, eis uma sala de visitas exatamente igual à sala de visitas dos Brown”. A reconhecibilidade é uma qualidade artística que a maioria das pessoas considera profundamente emocionante.

---

* Narrativa distópica do inglês Samuel Butler (1835-1902) publicada em 1872. (N.E.)

Tampouco são as pequenas verdades óbvias as únicas obviedades apreciadas pelo público em geral. O público também exige as grandes verdades óbvias. Exige dos fornecedores de arte as mais definitivas declarações sobre o amor das mães pelos filhos, sobre a bondade da honestidade como política, sobre os efeitos edificantes produzidos pelas belezas pitorescas da natureza nos turistas de grandes cidades, sobre a superioridade dos casamentos de afeto em relação a casamentos de interesse, sobre a brevidade da existência humana, sobre a beleza do primeiro amor e assim por diante. O público demanda uma garantia constantemente repetida quanto à validade dessas grandes verdades óbvias. E os fornecedores de arte popular fazem o que lhes é solicitado. Eles afirmam as grandes, óbvias e imutáveis verdades da natureza humana – mas afirmam-nas, infelizmente, na maioria dos casos, com uma incompetência enfática que, para o leitor sensível, torna suas afirmações extremamente desagradáveis e até mesmo dolorosas. Assim, o fato de que as mães amam seus filhos é, como já salientei, uma das grandes verdades óbvias. Mas quando essa grande verdade óbvia é afirmada numa canção-da-mamãe nauseabunda e sentimentaloide, numa série de *close-ups* comoventes, numa lírica pós-wilcoxiana ou numa página de prosa de revista de histórias, os sensíveis só poderão estremecer e desviar seus rostos, corando com uma espécie de vergonha vicária por toda a humanidade.

As grandes verdades óbvias foram muitas vezes, no passado, afirmadas com ênfase repelente, em tons que as fizeram parecer – pois tal é o poder quase mágico da incompetência artística – não grandes verdades, mas grandes e assustadoras mentiras. Mas nunca, no passado, esses ultrajes artísticos foram tão numerosos como no presente. Isso deve-se a várias causas. Para começar, a disseminação da educação, do lazer e do bem-estar econômico criou uma demanda sem precedentes por arte popular. Na medida em que o número de bons artistas é sempre estritamente limitado, segue-se que essa demanda tem sido, na maioria das vezes, suprida por artistas ruins. E por causa disso as afirmações das grandes verdades óbvias têm sido, de um modo geral, incompetentes e portanto detestáveis. É possível, também, que o rompimento de todas as tradições antigas e a mecanização do trabalho e do lazer (sendo que de ambos o esforço criativo, agora, para a vasta maioria dos homens e mulheres civilizados, foi banido) tenham exercido um efeito ruim no gosto popular e na sensibilidade emocional popular. Entretanto, em qualquer caso, quaisquer que sejam as causas, a verdade é que a época atual tem produzido uma quantidade até aqui inédita de arte popular (popular no sentido de que ela é feita *para* o povo, mas não – e esta é a tragédia moderna – *pelo* povo), e que essa arte popular é composta numa metade pelas pequenas verdades óbvias, afirmadas de modo habitual com um realismo cuidadoso e meticuloso, e na outra metade pelas grandes verdades óbvias, afirmadas na maior parte (uma vez que é muito difícil lhes dar expressão satisfatória) com uma incompetência que as faz parecer falsas e repelentes.

Em alguns dos artistas mais sensíveis e constrangidos da nossa época esse estado de coisas teve um efeito curioso e, creio eu, sem precedentes. Eles passaram a ter medo de todas as obviedades, tanto das grandes quanto das pequenas. Em todos os períodos, é verdade, muitos artistas passaram a ter medo de – ou, como talvez fosse mais correto dizer, passaram a sentir desprezo por – pequenas verdades óbvias. Na história das artes o naturalismo é um fenômeno relativamente raro; julgados por qualquer parâmetro de normalidade estatística, Caravaggio e o acadêmico vitoriano eram aberrações artísticas. O fato sem precedentes é este: alguns dos artistas mais sensíveis da nossa época rejeitaram não apenas o realismo externo (e por causa disso podemos ficar bastante gratos), mas até mesmo aquilo que eu posso chamar de realismo interno; eles se recusam a tomar conhecimento, em sua arte, da maioria dos fatos mais significativos da natureza humana. Os excessos da arte popular os fizeram ficar tomados de um terror do óbvio – inclusive das sublimidades e belezas e maravilhas óbvias. Agora, mais ou menos nove décimos da vida são formados precisamente pelo óbvio. Isso significa que existem sensíveis artistas modernos que são obrigados, por sua aversão e seu medo, a se limitar à exploração de apenas uma minúscula fração da existência.

O mais constrangido dos centros artísticos contemporâneos é Paris, e é, como seria de se esperar, em Paris que esse estranho e novo medo do óbvio tem gerado os frutos mais marcantes. Mas o que é verdade sobre Paris também é verdade para as outras capitais artísticas do mundo. Ou porque estão deliberadamente imitando modelos franceses, ou então porque foram motivadas por circunstâncias semelhantes a fazer uma reação similar. A arte de vanguarda de outros países difere da arte de vanguarda da França somente por ser um tanto menos deliberada e menos radical. Em todos os países, mas na França um pouco mais claramente do que em outros lugares, nós vemos de que maneira o mesmo medo do óbvio produziu iguais efeitos. Vemos as artes plásticas despojadas de todas as suas qualidades "literárias", quadros e estátuas reduzidos aos seus elementos estritamente formais. Ouvimos uma música da qual quase toda expressão de um sentimento trágico, pesaroso ou terno foi excluída – uma música que deliberadamente se limitou à expressão da energia física, do lirismo da velocidade ou do movimento mecânico. Tanto a música quanto as artes visuais estão impregnadas num maior ou menor grau desse novo romantismo às avessas que exalta a máquina, a multidão, o corpo meramente muscular, e que despreza a alma e a solidão e a natureza. A literatura de vanguarda está cheia do mesmo romantismo revertido. Sua matéria de discussão é arbitrariamente simplificada pela exclusão de todas as grandes obviedades eternas da natureza humana. Esse processo é justificado em termos teóricos por uma espécie de filosofia da história que afirma – de forma um tanto gratuita e, estou convencido disso, com bastante falsidade – que a natureza humana mudou radicalmente nos últimos anos e que o homem moderno é, ou pelo menos deveria ser, radicalmente diferente de seus antepassados. Também não é apenas em relação à matéria de discussão que o medo do escritor quanto ao óbvio se manifesta. Ele tem um terror do óbvio em seu meio artístico – um terror que o leva a fazer esforços laboriosos para destruir o instrumento gradualmente aperfeiçoado da linguagem. Aqueles que são completa e impiedosamente lógicos exibem um niilismo total e gostariam de ver a abolição de toda arte, de toda ciência, de toda e qualquer sociedade organizada. É extraordinário o extremo ao qual o pânico pode levar suas vítimas.

Quase tudo o que é mais ousado na arte contemporânea é, assim, visto como sendo fruto do terror – o terror, numa era de vulgaridade sem precedentes, do óbvio. O espetáculo de tanta ousadia inspirada por medo é algo que eu considero bastante deprimente. Se os jovens artistas realmente desejam oferecer uma prova de sua coragem, eles deveriam atacar o monstro da obviedade e tentar conquistá-lo, tentar reduzi-lo a um estado de domesticação artística, e não covardemente fugir dele. Porque as grandes verdades óbvias estão na nossa frente – são fatos. Aqueles que negam a sua existência, aqueles que proclamam que a natureza humana mudou desde 4 de agosto de 1914, estão apenas racionalizando seus terrores e suas aversões. A arte popular dá uma expressão deploravelmente bestial ao óbvio; homens e mulheres sensíveis odeiam essa expressão bestial; portanto, por um processo natural mas altamente científico, afirmam que as coisas tão detestavelmente expressas não existem. Mas elas existem, como qualquer avaliação desapaixonada dos fatos deixa claro. E, já que existem, elas devem ser enfrentadas, combatidas e reduzidas à ordem artística. Ao fingir que certas coisas não estão na nossa frente quando de fato *estão*, grande parte da arte moderna mais bem-sucedida está se condenando à incompletude, à esterilidade, a uma prematura decrepitude e morte.

"E UMA ÓTICA DESCONTROLADA GIRA OS OLHOS LACRIMEJANTES"

O nascer do sol foi magnífico. O luminar do dia, como um disco de metal dourado pelo método de Ruolz, emergiu do Oceano como se estivesse saindo de um imenso banho voltaico.

JÚLIO VERNE

Poesia e Ciência: um casamento foi arranjado, repetidas vezes, nas mentes de tantos jovens literatos ambiciosos! Mas o noivado foi desfeito ou então, se consumado, o casamento foi fértil apenas em abortos. Educação, A Cana-de-Açúcar, Os Amores das Plantas, Cidra, O Velo – seus nomes esquecidos são legião.

Em quais condições o casamento é possível? Deixemos Wordsworth responder: "As mais remotas descobertas do químico, do botânico ou do mineralogista serão objetos tão próprios da arte do poeta quanto qualquer um com o qual ele agora esteja ocupado, se alguma vez chegar um tempo em que essas coisas se mostrem manifesta e palpavelmente materiais para nós enquanto seres passíveis de prazer e sofrimento". A poesia pode provir da ciência, mas somente quando a contemplação de fatos científicos modificou o padrão não apenas das crenças intelectuais do poeta, mas também de sua existência espiritual como um todo – sua "paisagem interior", como a chama o Padre Hopkins*. A informação

* Gerard Manley Hopkins (1844-1889): padre jesuíta que se tornou um dos principais e inovadores poetas ingleses vitorianos. (N.E.)

que modificou o padrão-de-existência do poeta, pode ser esperado (quando habilmente "levada a cabo" em termos de arte), modificará o padrão-de-existência de seu leitor. Na boa poesia científica a ciência aparece não principalmente por si só, mas porque é uma modificadora do padrão-de-existência. A poesia científica ruim é de dois tipos: aquele no qual a ciência pretende ser uma modificadora dos padrões-de-existência, mas, devido à incompetência do poeta na condição de comunicador, fracassa em fazer o que pretende fazer; e aquele no qual a ciência aparece principalmente por si só, e não para produzir um efeito nos padrões-de-existência. A maioria dos poemas declaradamente didáticos é deste tipo:

> Gnomes, as you now dissect with hammers fine
> The granite rock, the noduled flint calcine;
> Grind with strong arm, the circling Chertz betwixt,
> Your pure Kaolin and Petuntses mixt.*

A informação científica contida por implicação nesses versos seria comunicada com eficácia muito maior na prosa de um livro didático geológico. A prosa do livro didático tem o propósito de transmitir informações com a maior precisão possível. Informar é apenas uma função secundária da linguagem poética, que existe principalmente como um instrumento para modificar padrões-de-existência.

Informações a respeito de caulim não costumam modificar o padrão-de-existência de qualquer ser humano normalmente constituído, por mais que seja versado em geologia – muito embora, é claro, um poeta lírico que por acaso fosse assim versado pudesse usar um fato sobre

* Gnomos, enquanto dissecam com faina prodigiosa / O duro granito, calcinam a pederneira nodulosa; / Trituram com braço forte o Sílex carmesim / Sua pura mistura de Feldspato e Caulim. (N.T.)

caulim para iluminar um tema totalmente não geológico. O universalmente bem informado Donne fez uso das mais "remotas descobertas" dos cientistas de sua época como ilustrações e enriquecimentos. Os caulins, ou seus equivalentes, o ajudaram a "levar a cabo" aquilo que ele sentia sobre amor, Deus, morte e muitos outros assuntos que modificam padrões. Foi como um homem passível de sofrimento e prazer que ele fez uso de seu conhecimento. Os poetas didáticos, pelo contrário, foram, na maioria dos casos, principalmente estudantes. "O Jardim Botânico" e "A Economia da Vegetação" não fornecem nenhuma evidência interna para mostrar que a "paisagem interna" geral de Erasmus Darwin* fosse modificada por aquilo que ele aprendera sobre caulins e similares.

Há bastante astronomia rimada na *Divina comédia*; mas ela nunca é, como na botânica rimada e na geologia rimada de Erasmus Darwin, ridícula. Isso ocorre por quê? Em primeiro lugar, Dante tinha uma capacidade incomparável de "levar as coisas a cabo". E, em segundo lugar, aquilo que ele levava a cabo não era meramente uma informação científica; era sempre uma informação científica que modificara o padrão de toda a existência de Dante. "Um astrônomo infiel é louco." Para Dante, é evidente, os céus (os céus ptolemaicos, em todos os seus detalhes intrincados de esfera e epiciclo) proclamavam a glória de Deus. A mais inverossímil informação sobre o sol ou as estrelas nunca era meramente uma informação remota; era indissoluvelmente uma parte do sistema religioso que padronizava toda a existência de Dante. A maioria de nós é ignorante onde Dante era bem informado e cético sobre aquilo em que ele acreditava. Por consequência, em versos como

* Médico inglês (1731-1802) autor de obra poética e trabalhos científicos sobre botânica e medicina. (N.E.)

Surge ai mortali per diverse foci
    la lucerna del mondo; ma da quella,
    che quattro cerchi giunge con tre croci,

con miglior corso e con migliore stella
    esce congiunta.*

nós somos atingidos apenas pela linguagem musicalmente perfeita e por uma certa obscuridade oracular de elocução, intrinsecamente poética (porque o musicalmente incompreensível é sempre provido de um certo poder mágico). Mas esse abracadabra de círculos e cruzes tem um significado científico, esse enigma é uma declaração factual. Dante, é evidente, gostava de transmitir informação em termos de enigmas. Quando, como no presente caso, a informação enigmática é sobre as "mais remotas descobertas" da astronomia, ninguém que não saiba de antemão poderá de algum modo adivinhar a resposta para o enigma. A maior parte da *Divina comédia* não pode ser plenamente compreendida senão por aqueles que possuem uma cultura especial. (O mesmo é verdadeiro para partes mais ou menos consideráveis de muitos outros poemas.)

Resolver enigmas é uma ocupação que atrai quase todos nós. Toda poesia consiste, em maior ou menor grau, de enigmas, para os quais as respostas são ocasionalmente, como no caso de Dante, científicas ou metafísicas. Um dos prazeres que derivamos da poesia é precisamente o deleite do decifrador de palavras cruzadas em resolver um problema. Para certas pessoas, esse prazer é peculiarmente intenso. Solucionadores de quebra-cabeça da natureza, eles tendem a valorizar a poesia na proporção

---

* Surge aos mortais, de pontos variados,/ a lanterna do mundo; mas quando são/ quatro círculos por três cruzes ligados,/ com melhor curso e melhor constelação/ nasce conjunta. (N.T.)

de sua obscuridade. Conheci pessoas que, eruditas demais para se entregarem às árduas imbecilidades das palavras cruzadas e do acróstico, buscavam a satisfação de um anseio imperioso nos sonetos de Mallarmé e nos versos mais excêntricos de Gerard Hopkins.

Para voltar aos nossos círculos e cruzes: após deglutir de maneira satisfatória todas as notas do *Paradiso* você percebe que, quando escreveu aqueles versos, Dante estava dizendo algo extremamente definido, e que ele deve ter tido diante de sua visão íntima uma imagem muito precisa e (o que é poeticamente mais importante) grandiosa, profundamente impressionante, do universo ptolemaico inteiro. Seis séculos transformaram a ciência de Dante (bem como Chaucer anteviu que transformariam sua própria linguagem trecentista) em algo "fantástico e estranho". A literatura do passado é um ossário de palavras mortas, e a filosofia do passado, uma mina de fatos e teorias fósseis.

And yet they spake them so,
And sped as well in love as men now do.*

Chaucer protestou com antecedência contra o olvido. Em vão. Seu discurso e a ciência de Dante estão mortos, esquecidos. Que leitores *A divina comédia* tem agora? Alguns poucos poetas, alguns amantes de poesia, alguns desgarrados decifradores de palavras cruzadas e, de resto, um grupo cada vez menor de fãs-de-cultura e esnobes-de-erudição. Estes últimos sentem, em seu conhecimento exclusivo, a mesma superioridade triunfante que sentiria o esnobe social se, somente ele entre todos os seus conhecidos, encontrasse o Príncipe de Gales, ou

* E no entanto falavam-nas / E eram venturosos no amor como os homens de hoje. (N.T.)

pudesse se referir ao sr. Michael Arlen* por seu apelido. Mesmo nos tempos de Dante, os poucos cultos que sabiam de antemão que "*da quella, che giunge quattro cerchi con tre croci*" era o apelido esotérico do nascer do sol no equinócio devem ter sentido um certo entusiasmo de superioridade consciente. Agora, seis séculos mais tarde, esses indivíduos conhecedores ficam justificados ao entrar em positivos êxtases de autossatisfação. Versos imortais morrem como todos os outros. Uma boa dose de ciência pode ser invocada, como vemos no caso de Dante, para abreviar sua imortalidade.

Um astrônomo infiel é louco, mas mais louco ainda é o astrônomo crente e praticante. Isso, de qualquer forma, é o que Lucrécio pensava. É por isso que ele queria converter todos à ciência. Porque os homens são na maioria sãos; basta convertê-los, e eles automaticamente deixam de ser devotos. O espetáculo da vida humana jazendo "abominavelmente prostrada sobre a terra, esmagada pelo peso da religião" era algo que provocava em Lucrécio uma ira virtuosa. Seu objetivo era destruir o tirano, garantir que a religião fosse "colocada sob o pé e pisada por sua vez". Para Dante, os céus, em todas as suas complexidades de detalhe, proclamavam de maneira comovente a glória de Deus; para Lucrécio, eles proclamavam de maneira não menos comovente a impessoalidade de Deus, quase Sua não existência. Para ambos os poetas as "mais improváveis descobertas" dos cientistas eram profunda e humanamente importantes. Os séculos se passaram e a ciência de Lucrécio e Dante é na maior parte obsoleta e falsa. Apesar do ardor e do entusiasmo com os quais escreveram, apesar de seus prodigiosos poderes de comunicação, é principalmente

* Nome artístico de Dikran Kouyoumdjian (1895-1956), poeta e escritor armênio que se tornou conhecido nos anos 1920, ao trabalhar na Inglaterra. (N.E.)

na condição de estudantes, de arqueólogos, que agora lemos o que eles compuseram enquanto seres passíveis de sofrimento e prazer. Sem levar em conta as partes não científicas e "humanas" dos dois poemas, as únicas passagens em *De rerum natura* e *A divina comédia* que ainda nos comovem como seus autores pretenderam que comovessem são aquelas nas quais os poetas generalizam – aquelas nas quais, por declaração ou implicação, eles apresentam a hipótese que suas informações sobre "descobertas remotas" supostamente provam e em seguida mostram como essa hipótese, caso aceita, deve afetar a nossa atitude em relação ao mundo, modificar o padrão da nossa existência. As afirmações de Lucrécio quanto à filosofia materialista e as de Dante quanto à filosofia espiritualista ainda têm poder de modificar o nosso padrão-de-existência, mesmo que a maioria dos "fatos" nos quais eles basearam as suas respectivas filosofias agora não represente mais do que espécimes arqueológicos.

Os fatos e até mesmo o peculiar jargão da ciência podem ser de grande utilidade para o escritor cuja intenção for acima de tudo irônica. Justaponha dois relatos do mesmo acontecimento humano, um em termos de pura ciência, o outro em termos de religião, estética, paixão, até mesmo bom senso: sua discórdia irá formar as mais inquietantes reverberações na mente. Justaponha, por exemplo, fisiologia e misticismo (os êxtases de Madame Guyon eram mais frequentes e mais espiritualmente significativos no quarto mês de suas gestações); justaponha acústica e a música de Bach (talvez seja permissível que eu refira o relato ao mesmo tempo científico e estético de um concerto no meu romance *Contraponto*); justaponha química e a alma (as glândulas endócrinas secretam, entre outras coisas, nossos humores, nossas aspirações, nossa filosofia de vida). Essa lista de incompatibilidades ligadas poderia ser indefinidamente prolongada. Nós vivemos num mundo de *non sequiturs*. Ou melhor, nós viveríamos num mundo assim se fôssemos sempre conscientes de todos os aspectos sob os quais qualquer acontecimento pode ser considerado. Contudo, na prática, quase nunca temos noção de mais do que um aspecto de cada acontecimento num determinado momento. A nossa vida é passada primeiro em um compartimento estanque de experiência, depois em outro. O artista pode, se assim desejar, quebrar as divisórias entre os compartimentos e assim nos dar uma visão simultânea de dois ou mais deles ao mesmo tempo. Assim vista, a realidade parece ser extraordinariamente esquisita, que é como o ironista e o questionador perplexo desejam que ela pareça. Laforgue* faz uso desse dispositivo de modo constante. Toda a sua poesia é uma mistura de descoberta remota com sentimento próximo. Daí a sua penetrante qualidade de ironia. No futuro remoto, quando uma ciência infinitamente mais bem informada do que a nossa terá encurtado o enorme abismo atual entre qualidades imediatamente apreendidas, sob cujos termos *vivemos*, e as quantidades meramente mensuráveis e ponderáveis, sob cujos termos nós fazemos o nosso pensamento científico, o método laforguiano deixará de ser irônico. Porque a justaposição será então uma justaposição de compatíveis, não de incompatíveis. Não haverá nenhuma discórdia curiosa, mas uma harmonia perfeitamente clara e simples. Mas tudo isso é para o futuro. Até onde nos diz respeito, o ajuntamento de descobertas remotas e sentimentos próximos é produtivo de efeitos literários que reconhecemos como irônicos.

* Jules Laforgue (1860-1887): poeta franco-uruguaio que escreveu uma obra inovadora em língua francesa. (N.E.)

MÚSICA NA NOITE

Sem lua, esta noite junho é tanto mais viva com estrelas. Sua escuridão é perfumada com rajadas fracas vindas dos florescentes limoeiros, com o cheiro de terra molhada e com o verdor invisível das videiras. Há silêncio; mas é um silêncio que respira com a respiração tranquila do mar e, no meio do fino e estridente ruído de um grilo, de forma insistente, de forma incessante repisa o fato de sua própria perfeição profunda. Na distância longínqua, a passagem de um trem é como uma longa carícia, movendo-se de maneira suave, com uma suavidade inexorável, ao longo do corpo vivo e quente da noite.

Música, você diz; seria uma boa noite para a música. Mas eu tenho a música aqui numa caixa, trancada como um daqueles gênios engarrafados nas *Mil e uma noites* e pronta para sair de sua prisão ao menor toque. Eu faço a magia mecânica necessária e, de súbito, por alguma coincidência milagrosamente adequada (porque eu havia selecionado o disco no escuro, sem saber que música a máquina iria tocar), de súbito a introdução do *Benedictus* na *Missa Solemnis* de Beethoven começa a traçar os seus padrões no céu sem lua.

O *Benedictus*. Abençoada e oferecendo bênção, essa música é de alguma forma o equivalente da noite, da escuridão profunda e viva na qual, ora num único jato, ora num refinado entrelaçamento de melodias, ora em pulsantes e quase sólidos coágulos de som harmonioso, ela se derrama, se derrama de maneira inestancável como o tempo, como as trajetórias ascendentes e cadentes,

cadentes de uma vida. É o equivalente da noite num outro modo de existência, como uma essência é o equivalente das flores, das quais ela é destilada.

Existe, pelo menos por vezes parece existir, uma certa bem-aventurança depositada no coração das coisas, uma bem-aventurança misteriosa, de cuja existência acidentes ou providências ocasionais (para mim, esta noite é um caso desses) nos fazem obscuramente, ou quem sabe intensamente, mas sempre fugazmente, ai de nós, sempre apenas por poucos e breves momentos conscientes. No *Benedictus* Beethoven dá expressão a essa consciência de bem-aventurança. A sua música é o equivalente dessa noite mediterrânea, ou melhor, da bem-aventurança no coração da noite, da bem-aventurança que teríamos se ela pudesse ser depurada da irrelevância e do acidente, refinada e isolada na quintessência de sua pureza.

"*Benedictus, benedictus...*" Uma depois da outra, as vozes assumem o tema proposto pela orquestra e amorosamente meditado por um longo e requintado solo (porque a bem-aventurança se revela de maneira mais frequente ao espírito solitário) de um único violino. "*Benedictus, benedictus...*" E então, de repente, a música morre; o gênio esvoaçante foi engarrafado de novo. Com estúpida insistência, típica de um inseto, uma ponta de aço raspa e raspa o silêncio.

Na escola, quando nos ensinaram o que era tecnicamente conhecido como inglês, costumavam nos mandar que "expressássemos em nossas próprias palavras" alguma passagem de qualquer peça de Shakespeare que no momento estivesse sendo enfiada, com todas as suas anotações – em particular as anotações – nas nossas relutantes goelas. De modo que ali nós ficávamos sentados, uma fileira de moleques sujos de tinta, laboriosamente traduzindo "sedosos flertes no roupeiro jazem" por "elegantes roupas de seda ficam guardadas no guarda-roupa", ou "Ser ou não ser" por "Eu me pergunto se eu deveria cometer suicídio ou não". Quando terminávamos, nós entregávamos os nossos trabalhos e o pedagogo intendente nos dava notas maiores ou menores, de acordo com a precisão com a qual "as nossas próprias palavras" haviam "expressado" o significado do Bardo.

Ele deveria, é claro, ter dado zero para todos nós, com uma extensa reprovação para si mesmo por jamais ter nos passado um exercício tão tolo. Ninguém com suas "próprias palavras", exceto com as palavras do próprio Shakespeare, poderá de alguma forma "expressar" o que Shakespeare quis dizer. A substância de uma obra de arte é inseparável de sua forma; sua verdade e sua beleza são duas e no entanto, misteriosamente, são uma só. A expressão verbal de até mesmo uma metafísica ou um sistema de ética é quase tanto uma obra de arte quanto um poema de amor. A filosofia de Platão expressa nas "próprias palavras" de Jowett não é a filosofia de Platão; tampouco nas "próprias palavras" de Billy Sunday, digamos, o ensinamento de São Paulo é o ensinamento de São Paulo.

"As nossas próprias palavras" são inadequadas até mesmo para expressar o significado de outras palavras; quão mais inadequadas elas serão, então, quando tratamos de interpretar significados que têm a sua expressão original em termos de música ou de uma das artes visuais!? O que "diz", por exemplo, a música? Você pode comprar em praticamente qualquer concerto um programa analítico que lhe dará uma resposta exata. Exata demais; esse é o problema. Cada analista tem a sua própria versão. Imagine o sonho do faraó interpretado sucessivamente por José, pelos adivinhos egípcios, por

Freud, por Rivers, por Adler, por Jung, por Wohlgemuth: o sonho "diria" inúmeras coisas diferentes. Nem de perto tantas, no entanto, quanto a *Quinta Sinfonia* foi levada a dizer no palavreado de seus analistas. Nem de perto tantas quanto a Virgem das Rochas e a Madona Sistina já disseram não menos liricamente.

Irritados com o palavreado e com essa multiplicidade de absurda de "significados" atribuídos, alguns críticos protestaram que a música e a pintura não significam nada exceto elas mesmas; que as únicas coisas que elas "dizem" são coisas, por exemplo, sobre modulações e fugas, sobre valores de cor e formas tridimensionais. Que elas digam qualquer coisa sobre o destino humano ou sobre o universo em geral é uma noção que esses puristas descartam na condição de meramente despropositadas.

Se os puristas estavam certos, então precisaríamos considerar pintores e músicos como monstros. Porque é rigorosamente impossível que sejamos um ser humano e não tenhamos visões de algum tipo sobre o universo em geral, é muito difícil que sejamos um ser humano e não expressemos essas visões, pelo menos por implicação. Ora, é uma questão de observação a constatação de que os pintores e os músicos *não* são monstros. Portanto... A conclusão se segue, de forma inescapável.

Não é só na música programática e nos quadros problemáticos que os compositores e os pintores expressam suas visões sobre o universo. As criações artísticas mais puras e mais abstratas podem ser, em seu próprio idioma peculiar, tão eloquentes a esse respeito quanto as mais deliberadamente tendenciosas.

Compare, por exemplo, uma Virgem de Piero della Francesca com uma Virgem de Tura. Duas Madonas – e as atuais convenções simbólicas são observadas por ambos os artistas. A diferença, a enorme diferença entre os dois quadros é uma diferença puramente pictórica, uma diferença nas formas e nos arranjos, na disposição de linhas e planos e massas. Para qualquer pessoa que seja num mínimo grau sensível à eloquência da forma pura, as duas Madonas dizem coisas totalmente diferentes sobre o mundo.

A composição de Piero é uma fusão de elementos sólidos suaves e equilibrados com maestria. Tudo em seu universo é dotado de uma espécie de substancialidade sobrenatural, é muito mais "ali" do que qualquer objeto do mundo real poderia de alguma forma ser. E quão sublimemente racional, na mais nobre, na mais humana aceitação da palavra, quão ordenadamente filosófica é a paisagem e são todos os habitantes desse mundo! É a criação de um deus que "desempenha o papel de geômetra".

O que ela diz, essa Madona de Sansepolcro? Se eu não tiver traduzido totalmente mal a eloquência das formas de Piero, ela está nos falando sobre a grandeza do espírito humano, sobre o seu poder de se elevar acima da circunstância e de dominar o destino. Se você quisesse perguntar para ela "Como hei de ser salvo?", ela provavelmente responderia "Pela Razão". E, antecipando Milton, "Não apenas, não principalmente na cruz", ela diria, "é o Paraíso recuperado, mas naqueles desertos de máxima solidão onde o homem faz uso da força da sua razão para resistir ao demônio". Essa particular mãe de Cristo não é, provavelmente, uma cristã.

Agora observe o quadro de Tura. Ele é modelado a partir de uma substância que é como a encarnação viva da chama – uma carne-chama viva e sensível e sofredora. Suas superfícies se contorcem e se afastam dos olhos, como se estivessem se encolhendo, como se estivessem sentindo dor. As linhas fluem com algo da caligrafia intrincadamente inquietante e – você sente – mágica que caracteriza certas pinturas tibetanas. Olhe bem de perto; sinta o seu caminho no interior do quadro, no interior dos pensamentos e das intuições e emoções do pintor. Esse homem estava nu e à mercê do destino. Para ser capaz de proclamar a estoica independência do espírito, você precisa ser capaz de levantar a cabeça acima do fluxo das coisas; esse homem estava afundado no fluxo, subjugado. Ele não poderia introduzir nenhuma ordem em seu mundo; o mundo permanecia sendo para ele um caos misterioso, fantasticamente marmoreado com trechos ora do mais puro céu, ora do mais excruciante inferno. Um mundo belo e terrível é o veredito dessa Madona; um mundo semelhante à encarnação, à projeção material, da loucura de Ofélia. Não há certezas nele além do sofrimento e da felicidade ocasional. E, quanto à salvação, quem saberá qual é o caminho da salvação? Talvez possam existir milagres, e sempre temos a esperança.

Os limites da crítica são alcançados com grande rapidez. Quando disse "em suas próprias palavras" tanto quanto, ou melhor, tão pouco quanto as "próprias palavras" conseguem dizer, o crítico só pode referir seus leitores à obra de arte original: deixemos que eles vejam por si mesmos. Aqueles que ultrapassam o limite ou são pessoas bastante estúpidas, vaidosas, que adoram suas "próprias palavras" e imaginam que conseguem dizer através delas mais do que as "próprias palavras" são capazes de expressar na natureza das coisas, ou então são indivíduos inteligentes que por acaso são filósofos ou artistas literários e que julgam conveniente fazer da crítica ao trabalho de outros homens um ponto de partida para sua própria criatividade.

O que é verdade no caso da pintura é igualmente verdade no caso da música. A música "diz" coisas sobre o mundo, mas em termos especificamente musicais. Qualquer tentativa de reproduzir essas afirmações musicais "em nossas próprias palavras" está necessariamente condenada ao fracasso. Nós não podemos isolar a verdade contida numa obra musical, porque ela é uma verdade-beleza, inseparável de sua parceira. O melhor que podemos fazer é indicar nos termos mais gerais a natureza da verdade-beleza musical sob consideração e referir ao original os curiosos que estejam buscando a verdade. Assim, a introdução do *Benedictus* na *Missa Solemnis* é uma declaração sobre a bem-aventurança que existe no coração das coisas. Mas as nossas "próprias palavras" não vão nos levar muito mais longe do que isso. Se nós tivéssemos de começar a descrever nas nossas "próprias palavras" exatamente o que Beethoven sentiu sobre essa bem-aventurança, como ele a concebeu, o que ele considerou ser sua natureza, dentro de bem pouco tempo nos encontraríamos escrevendo disparates líricos no estilo dos criadores analíticos de programas. Somente a música, e somente a música de Beethoven, e somente essa música particular de Beethoven, conseguirá nos dizer com alguma precisão qual era realmente a concepção de Beethoven quanto à bem-aventurança no coração das coisas. Se quisermos saber, precisamos ouvir – de preferência numa serena noite de junho, com a respiração do mar invisível como pano de fundo da música e o aroma dos limoeiros pairando por entre a escuridão como certa requintada e suave harmonia apreendida por outro sentido.

MEDITAÇÃO SOBRE EL GRECO

Os prazeres da ignorância são tão grandes, a seu modo, quanto os prazeres do conhecimento. Pois embora a luz seja boa, embora seja satisfatório ao indivíduo que ele tenha condições de colocar as coisas que o rodeiam nas categorias de um sistema ordenado e compreensível, também é bom que o indivíduo se veja por vezes no escuro, é agradável de vez em quando que ele tenha de especular com vaga perplexidade sobre um mundo que a ignorância reduziu a uma quantidade de acontecimentos mutuamente irrelevantes pontilhados, como tantas ilhas inexploradas e fantásticas, na superfície de um vasto oceano de incompreensão. Para mim, um dos maiores encantos das viagens consiste no fato de que elas oferecem oportunidades únicas para que nos entreguemos ao luxo da ignorância. Eu não sou um desses viajantes conscienciosos que, antes de visitar um novo país, passam semanas devorando sua geologia, sua economia, sua história da arte, sua literatura. Eu prefiro, pelo menos durante as minhas primeiras visitas, ser um turista de todo desinteligente. É só mais tarde, quando a minha ignorância já perdeu seu frescor virgem, que eu começo a ler o que o turista inteligente teria conhecido de cor antes que comprasse seus bilhetes. Eu leio – e sem demora, numa série de apocalipses, as minhas impressões isoladas e misteriosamente estranhas começam a assumir importância, as minhas lembranças misturadas se encaixam em padrões harmoniosos. Os prazeres da ignorância deram lugar aos prazeres do conhecimento.

Visitei apenas duas vezes a Espanha – isto é, não o suficiente para ter cansado da ignorância. Eu ainda gosto de saber tão pouco quanto possível, em total desorientação, sobre tudo aquilo que vejo entre os Pirineus e o Cabo Trafalgar. Outras duas ou três visitas e a ocasião será propícia para que eu vá à Biblioteca de Londres e procure "Espanha" no índice de assuntos. Num dos numerosos, demasiado numerosos livros ali catalogados eu hei de encontrar, sem dúvida, a explicação para um pequeno mistério que me intrigou de maneira branda e intermitente ao longo de um bom número de anos – desde o momento no qual, numa dessas admiráveis exposições temporárias na Burlington House, eu vi pela primeira vez uma versão do *Sonho de Filipe II* de El Greco.

Essa curiosa composição, familiar a todos os visitantes do Escorial, representa o rei com roupas e luvas pretas como tinta, como se fosse um agente funerário, de joelhos em cima de uma confortável almofada no centro do primeiro plano; depois dele, à esquerda, uma multidão de devotos ajoelhados, alguns leigos, alguns clericais, mas todos manifestamente santos, está olhando para cima, para um céu cheio de anjos valsantes, virtudes cardeais e personagens bíblicos, agrupados num círculo ao redor da Cruz e do monograma luminoso do Salvador. À direita uma baleia muito grande abre a boca gigantescamente, e um vasto aglomerado de pessoas, presumivelmente os condenados, está mergulhando às pressas (apesar de tudo aquilo que aprendemos na infância sobre a anatomia das baleias) no interior de sua garganta carmesim. Um quadro curioso, eu repito, e, enquanto obra de arte, não notavelmente bom; há muitos Grecos bem melhores, inclusive entre os pertencentes ao mesmo período juvenil. No entanto, apesar de sua mediocridade, é um quadro pelo qual eu tenho uma fraqueza especial. Gosto dele pelo motivo agora infelizmente pouco ortodoxo de que o assunto me interessa. E o assunto me interessa porque eu não sei qual é o assunto. Porque esse sonho do rei Filipe... Que sonho foi esse? Foi uma antecipação visionária do Juízo Final? Uma espiada mística no Céu? Um vislumbre encorajador da punição implacável do Todo Poderoso em relação aos hereges? Eu não sei – não tenho nem mesmo, no atual momento, desejo de saber. Em face de uma fantasia tão extravagante como essa de Greco, os prazeres da ignorância são particularmente intensos. Confrontado pela baleia misteriosa, pelo rei funerário, pelos incontáveis santos etéreos e pelos pecadores em debandada, concedo a minha licença fantasiosa e chafurdo à vontade no prazer de não saber, em total desorientação.

A fantasia de que eu mais gosto entre todas as que já me ocorreram é a fantasia que afirma que esse quadro esquisito foi pintado como uma autobiografia profética e simbólica, que sua intenção foi resumir hieroglificamente, por inteiro, o desenvolvimento futuro de Greco. Porque aquela baleia na direita do primeiro plano, bisavó de Moby Dick, com sua enorme boca escancarada, sua goela carmesim e a multidão de condenados descendentes como bancários descendo às seis horas ao subterrâneo – aquela baleia, digo eu, é o objeto mais significativamente autobiográfico em meio a todos os primeiros quadros de El Greco. Pois aonde estão eles indo, os condenados em correria? "Tapete vermelho abaixo", como as nossas amas costumavam dizer quando estavam nos incentivando a engolir as iguarias intragáveis da infância. Tapete vermelho abaixo na direção de um soturno inferno de tripas. Para baixo, numa palavra, na direção do universo estranho e bastante assustador que o espírito de Greco parece ter começado a habitar mais e mais exclusivamente à medida que ele foi envelhecendo. Porque na pintura posterior do cretense todo personagem é um Jonas. Sim, *todo* personagem. É onde o *Sonho de Filipe II* se revela como sendo imperfeitamente profético, um símbolo mutilado. É para os condenados apenas que a baleia abre sua boca. Se El Greco quisesse contar toda a verdade sobre o seu desenvolvimento futuro, ele teria enviado os abençoados para se juntarem a eles, ou pelo menos teria fornecido para seus santos e anjos um outro monstro só deles, uma baleia celeste flutuando de cabeça para baixo entre as nuvens, com um segundo tapete vermelho ascendendo, reto e estreito, na direção de um céu engolido. Paraíso e Purgatório, Inferno, e até mesmo a comum Terra – para El Greco, em sua maturidade artística, todo departamento do universo estava situado na barriga de uma baleia. Suas Anunciações e Assunções, suas Agonias e Transfigurações e Crucificações, seus Martírios e Estigmatizações são todos, sem exceção, acontecimentos viscerais. O Céu não é maior do que o Buraco Negro de Calcutá, e o Próprio Deus é engolido-por-baleia.

Os críticos tentaram explicar a agorafobia pictórica de El Greco em termos de sua educação cretense inicial. Não há espaço em seus quadros, eles nos asseguram, porque a arte típica da Bizâncio que foi o lar espiritual de El Greco era o mosaico, e o mosaico é inocente de profundidade. Uma explicação plausível, cujo único defeito é que calha de ser quase inteiramente sem cabimento. Para começar, o mosaico bizantino não era invariavelmente desprovido de profundidade. Os extraordinários mosaicos do século VIII na mesquita omíada em Damasco, por exemplo, são tão espaçosos e arejados quanto paisagens impressionistas. Eles são, é verdade, espécimes de arte um tanto excepcionais. Mas até mesmo os mais comuns e fechados mosaicos não têm realmente nada a ver com a pintura de El Greco, porque os santos e reis bizantinos ficam fechados, ou, para ser mais exato, ficam plenamente incrustados numa espécie de abstração bidimensional – num puro Céu euclidiano dourado ou azul, plano e geométrico. O universo deles nunca exibe a menor semelhança com a barriga da baleia na qual cada um dos personagens de El Greco, homem ou mulher, tem a sua misteriosa e pavorosa existência. O mundo de El Greco não é nenhuma Planície; há profundidade nele – só um pouquinho de profundidade. É justamente isso o que faz com que ele pareça ser um mundo tão inquietante. Em sua abstração bidimensional, os personagens dos mosaicistas bizantinos se sentem perfeitamente em casa; eles estão adaptados ao seu ambiente. Contudo, sólidas e tridimensionais, criadas como habitantes de um universo espaçoso, as pessoas de El Greco estão fechadas num mundo onde há talvez apenas o espaço suficiente para ficar de pé, mas não mais do que isso. Elas estão na prisão e, para piorar, numa prisão visceral. Pois tudo aquilo que as rodeia é animal, orgânico. Nuvens, rocha e tapeçaria foram todas misteriosamente transformadas em muco e músculo esfolado e peritônio. O céu rumo ao qual o Conde de Orgaz ascende é como uma cósmica operação de apendicite. A *Ressurreição* de Madri é uma ressurreição num tubo digestivo. E com os quadros posteriores temos uma impressão tenebrosa de que todos os personagens, tanto humanos como divinos, começaram a sofrer um processo de digestão, estão sendo gradualmente assimilados ao seu ambiente visceral. Mesmo na *Ressurreição* de Madri as formas e a textura da carne nua assumiram um aspecto estranhamente assemelhado às tripas. No caso dos nus em *Laocoonte* e na *Abertura do sétimo selo* (ambos são obras dos últimos anos de El Greco), esse processo de assimilação foi levado um tanto mais longe. Depois de verem suas tapeçarias e a paisagem circundante gradualmente peptonizadas e transformadas, os infelizes Jonas de Toledo descobrem, para seu horror, que eles mesmos estão sendo digeridos. Seus corpos, seus braços e pernas, seus rostos, seus dedos das mãos e dos pés estão deixando de pertencer humanamente a eles; estão se tornando – o processo é lento mas inexorável e certo – parte do funcionamento interno da Baleia universal. É uma sorte para eles que El Greco tenha morrido quando morreu. Vinte anos mais e a Trindade, a Comunhão dos Santos e toda a raça humana teriam se visto reduzidas a excrescências quase indistinguíveis na superfície de uma entranha cósmica. Os mais favorecidos poderiam, talvez, ter aspirado a ser tênias e trematódeos.

De minha parte, lamento muito que El Greco não tenha vivido para ficar tão velho quanto Ticiano. Com oitenta ou noventa anos, ele teria chegado a produzir uma arte quase abstrata – um cubismo sem cubos, orgânico, puramente visceral. Que quadros El Greco teria então pintado! Lindos, emocionantes, profundamente apavorantes. Pois são apavorantes até mesmo os quadros que ele pintou na meia-idade, tenebrosos apesar de sua extraordinária força e beleza. Esse universo engolido no qual ele nos introduz é uma das criações mais inquietantes da mente humana. E uma das mais intrigantes também. Pois quais foram os motivos de El Greco para lançar a humanidade tapete vermelho abaixo? O que o levou a tirar Deus de Seu Céu sem limites e O trancar nas entranhas de um peixe? Pode-se apenas especular obscuramente. A única grande certeza que eu tenho é de que havia razões mais profundas e mais importantes para essa baleia do que a memória dos mosaicos – os mosaicos totalmente univiscerais – que ele pode ter visto no decorrer de uma infância cretense, de uma juventude veneziana e romana. Tampouco uma doença oftalmológica explicará, como alguns alegaram, o seu desenvolvimento artístico estranho. As doenças precisam ser muito graves, de fato, antes de se tornarem completamente coextensivas com suas vítimas. Que os homens são afetados por suas doenças é óbvio; mas não é menos óbvio que, exceto quando estão quase *in extremis*, eles são algo mais do que a soma de seus sintomas mórbidos. Dostoiévski não era meramente a epilepsia personificada, Keats foi outras coisas além de um simples amontoado de tuberculose pulmonar. Os homens fazem uso de suas doenças pelo menos tanto quanto eles são utilizados por elas. É bastante provável que El Greco tivesse algo de errado em seus olhos. Mas outras pessoas tiveram a mesma doença sem por isso pintar quadros como o *Laocoonte* e *A abertura do sétimo selo*. Dizer que El Greco foi apenas uma visão defeituosa é absurdo; ele foi um homem que usou uma visão defeituosa.

E usou essa visão para qual finalidade? Para expressar qual sentimento estranho sobre o mundo, qual filosofia misteriosa? É difícil, sem dúvida, responder. Porque El Greco não pertence, na condição de metafísico (todo artista significativo é um metafísico, um proponente de verdades-beleza e teorias-de-forma), a nenhuma escola conhecida. O máximo que alguém pode dizer, a título de classificação, é que, como a maioria dos grandes artistas do barroco, ele acreditava na validade do êxtase, das experiências não racionais e "numinosas" com as quais, como matéria-prima, a razão forja os deuses e os vários atributos de Deus. Mas o tipo de experiência extática artisticamente produzida e meditada por El Greco era bastante diferente do tipo de experiência que é descrita e simbolicamente "racionalizada" na pintura, na escultura e na arquitetura dos grandes artistas barrocos do *seicento*. Os jesuítas, esses produtores em massa de espiritualidade, haviam aperfeiçoado uma técnica simples para a fabricação de êxtases ortodoxos. Eles banalizaram uma experiência, até então somente acessível aos ricos de espiritualidade, e assim a tinham colocado ao alcance de todos. O que os artistas italianos do *seicento* produziram de maneira tão copiosa e brilhante foi essa experiência banalizada e a metafísica sob cujos termos ela poderia ser racionalizada. "Santa Teresa para Todos." "Um João da Cruz em cada Lar." Tais foram, ou poderiam ter sido, as palavras de ordem desses artistas. Era de admirar que suas sublimidades fossem um pouco teatrais, que sua ternura fosse sentimentaloide e suas intuições espirituais, um tanto corriqueiras e vulgares? Nem mesmo os maiores entre os artistas barrocos foram notáveis por alguma sutileza ou refinamento espiritual.

Com esses êxtases bastante fáceis e a ortodoxa teologia de Contrarreforma sob cujos termos eles poderiam ser interpretados, El Greco nada tem a ver. O Céu luminoso e tranquilizador, as divindades sorridentes ou lacrimosas porém sempre demasiado humanas, as imensidões teatrais e os mistérios teatrais, todos os estoques comerciais dos *seicentisti* estão ausentes de seus quadros. Temos êxtase e aspiração flamejante; mas sempre êxtase e aspiração, como vimos, dentro da barriga de uma baleia. El Greco parece estar falando o tempo todo sobre a raiz fisiológica do êxtase, não sobre a flor espiritual; sobre os fatos corporais primários da experiência numinosa, não sobre os derivados mentais deles. Com maior ou menor vulgaridade, os artistas do barroco estavam preocupados com a flor, não com a raiz; com os derivados e as interpretações teológicas, não com os fatos brutos da experiência física imediata. Não que eles fossem ignorantes quanto à natureza fisiológica desses fatos primários. A atordoante *Santa Teresa* de Bernini o proclama da forma mais inequívoca; e é interessante perceber que nessa estátua (bem como na muito semelhante e igualmente atordoante *Ludovica Albertoni* na San Franceso a Ripa) ele dá às tapeçarias uma espécie de composição orgânica e, posso dizer, uma intestinal luxúria de forma. Um pouco suavizado, alisado e simplificado, o manto da grande mística seria indistinguível do resto da paisagem engolida dentro da baleia de El Greco. Bernini salva a situação (no ponto de vista do contrarreformista) introduzindo em sua composição a figura do anjo brandindo uma flecha. Essa aérea e jovem criatura é habitante de um céu que não foi engolido. Ele carrega consigo a implicação de espaços infinitos. Encantador e um pouco ridículo (a mão que segura a flecha inflamada tem um dedinho delicadamente torto, como a mão de algum jovem refinado demais no ato de levantar sua xícara de chá), o anjo simboliza a flor espiritual do êxtase, cuja raiz fisiológica é a Teresa desfalecida em seu manto peritoneal. Bernini é, espiritualmente falando, um *plein-airiste.*

Não é o caso de El Greco. Até onde lhe diz respeito, não há nada fora da baleia. O fato fisiológico primário da experiência religiosa é também, para ele, o fato final. Ele permanece de modo consistente no plano da consciência visceral que ignoramos em tão grande escala, mas com a qual os nossos antepassados (como a linguagem deles prova) fizeram tanto em seus sentimentos e pensamentos. "Onde está o teu zelo e a tua força, o soar das entranhas e das tuas misericórdias para comigo?" "Meu coração está torcido em meu íntimo, meus arrependimentos se acendem." "Bendirei o Senhor que me deu conselhos; meus rins também me ensinam durante a noite." "Pois Deus é minha testemunha do quanto eu vos amo a todos nas entranhas de Jesus Cristo." "Pois Tu tomaste posse de meus rins." "É Efraim o meu filho querido?... Portanto as minhas entranhas estão perturbadas por ele." A Bíblia está cheia de frases assim – frases que impressionam o leitor moderno como esquisitas, um pouco indelicadas, inclusive repelentes. Estamos acostumados a pensar em nós mesmos como se pensássemos inteiramente com as nossas cabeças. E estamos errados, como mostraram os fisiologistas. Pois aquilo que pensamos e sentimos e somos é em grande medida determinado pelo estado das nossas glândulas endócrinas e das nossas vísceras. O salmista tirando instrução de seus rins e o apóstolo com suas entranhas amorosas estão completamente integrados ao movimento fisiológico moderno.

El Greco viveu numa época em que a realidade da consciência visceral primária ainda era reconhecida – quando o coração e o fígado, o baço e os rins eram responsáveis por todos os sentimentos de um homem, e os quatro humores de sangue, fleuma, cólera e melancolia determinavam seu temperamento e impunham suas disposições passageiras. Até mesmo as mais sublimes experiências eram admitidas como sendo, na essência, fisiológicas. Teresa conheceu a Deus em termos de uma primorosa dor em seu coração, seu flanco, suas entranhas. Mas ao passo que Teresa, e junto com ela a generalidade dos seres humanos, considerava natural passar do reino da fisiologia para o reino do espírito – da barriga da baleia para fora, em direção ao céu aberto –, El Greco obstinadamente insistia em permanecer engolido. Suas meditações eram todas vinculadas à experiência religiosa e ao êxtase – mas sempre à experiência religiosa em seu estado fisiológico bruto, sempre ao êxtase primário, imediato e visceral. Ele expressou essas meditações em termos de símbolos cristãos – de símbolos habitualmente empregados para descrever experiências bastante diferentes dos estados fisiológicos primários nos quais ele estava acostumado a se deter. É o contraste entre esses símbolos, com o seu significado aceito no momento atual, e o especial uso privado ao qual El Greco os submete – é esse estranho contraste o que confere aos quadros de El Greco a sua peculiar qualidade inquietante. Porque os símbolos cristãos nos fazem lembrar de todos os espaços abertos espirituais – os espaços abertos do sentimento altruísta, os espaços abertos do pensamento abstrato, os espaços abertos do êxtase espiritual que flutua com liberdade. El Greco os aprisiona, os trancafia no intestino de um peixe. Os símbolos dos espaços espirituais abertos são compelidos por ele a servir como uma linguagem sob cujos termos ele fala sobre as imediações próximas da consciência visceral, sobre o êxtase que aniquila a alma pessoal não a dissolvendo no infinito universal, mas puxando-a para baixo e afogando-a na escuridão quente, trêmula e pulsante do corpo.

Bem, eu vaguei para muito longe, e de maneira fantasiosa, do rei funerário e de seu pesadelo enigmático sobre baleias e Jonas. Mas o vaguear imaginativo é o privilégio do ignorante. Quando a pessoa não sabe, está livre para inventar. Eu aproveitei a oportunidade enquanto ela se apresentava. Um dia desses eu poderei descobrir qual é a verdadeira intenção do quadro, e quando isso acontecer eu já não terei a liberdade de impor as minhas próprias interpretações. A crítica imaginativa é essencialmente uma arte da ignorância. É apenas por não sabermos aquilo que um escritor ou artista quis dizer que somos livres para inventar significados de nossa própria autoria. Se El Greco tivesse nos contado especificamente, em algum lugar, aquilo que ele quis comunicar ao pintar em termos de Buracos Negros e muco, então eu não estaria, agora, em posição legítima para especular. Por sorte, no entanto, ele nunca nos contou; e eu fico justificado em deixar a minha imaginação vagar e correr solta.

PARTE II

MEDITAÇÃO NA ARUNDEL STREET

Uma caminhada pela Arundel Street em Londres continua sendo, afinal de contas, a melhor introdução à filosofia. Mantenha os seus olhos à esquerda enquanto você desce na direção do rio vindo da Strand. Você irá observar que a *Christian World* é publicada no número 7, e alguns metros mais abaixo, no número 9, a *Feathered World*. No momento em que chegar ao Embankment você se verá envolvido pelas mais abstrusas especulações metafísicas.

O Mundo Cristão, o Mundo Emplumado – entre eles um abismo está estabelecido, um abismo que apenas São Francisco tentou encurtar, e com um sucesso singularmente pequeno. Seu sermão aos pássaros não foi eficaz. Apesar dele, o golfo ainda é vasto. Nenhum cristão ganhou plumas e nenhum ser emplumado é cristão. Os valores e até mesmo as verdades correntes no mundo do número 7 da Arundel Street deixam de ser válidos no mundo do número 9.

O mundo dos cristãos e o mundo dos emplumados não são senão dois em meio a uma miríade de mundos humanamente concebíveis e humanamente exploráveis. Eles constelam a mente pensante como estrelas, e entre eles se estende o equivalente mental do espaço interestelar – imensurado. Entre, por exemplo, um corpo humano com os elétrons sibilantes dos quais esse corpo é composto e os pensamentos, os sentimentos que direcionam seus movimentos, não existe, pelo menos por enquanto, nenhuma conexão visível. O abismo que separa, digamos, o mundo do amante ou do músico do mundo do químico é mais profundo, mais inflexivelmente intransponível do que o abismo que separa os anglo-católicos das araras ou os gansos dos metodistas primitivos. Não podemos caminhar de um desses mundos para o outro; só podemos pular. O último ato do *Don Giovanni* não é dedutível de elétrons, ou moléculas, ou mesmo de células e órgãos inteiros. Em relação a esses mundos físicos, químicos e biológicos ele é simplesmente um *non sequitur*. O nosso universo como um todo é composto por uma série de tais *non sequiturs*. A única razão para supor que existe de fato alguma conexão entre os fragmentos lógica e cientificamente não relacionados da nossa experiência é simplesmente o fato de que a experiência é *nossa*, de que temos os fragmentos na nossa consciência. Esses mundos constelados são todos situados no céu da mente humana. Algum dia, podemos imaginar, os engenheiros científicos e lógicos poderão construir para nós pontes convenientes que levem de um mundo a outro. Enquanto isso, precisamos nos contentar com saltos. *Solvitur saltando*. A única caminhada que você pode fazer na Arundel Street é pelas calçadas.

MEDITAÇÃO SOBRE A LUA

Materialismo e mentalismo – as filosofias do "nada senão". Como ficamos fastidiosamente familiares com esse "nada senão espaço, tempo, matéria e movimento", esse "nada senão sexo", esse "nada senão a economia"! E os não menos intolerantes "nada senão o espírito", "nada senão a consciência", "nada senão psicologia" – como também são aborrecidos e cansativos! "Nada senão" é tão perverso quanto estúpido. Carece de generosidade. Chega de "nada senão". É tempo de dizermos mais uma vez, com bom senso primitivo (mas por motivos melhores), "não apenas, mas também".

Fora da minha janela, a noite está lutando para despertar; na luz do luar, o jardim cego sonha tão vividamente com suas cores perdidas que as rosas negras são quase carmesim, as árvores pairam com expectativa na borda do verdor vivo. O parapeito do terraço, caiado de branco, se mostra brilhante contra o céu azul-escuro. (Será que o oásis jaz lá embaixo, e, além da última das palmeiras, será aquilo o deserto?) As paredes brancas da casa reverberam com frieza o brilho lunar. (Devo eu voltar meu olhar para observar as Dolomitas nuas saindo das longas ladeiras de neve?) A lua está cheia. E não somente cheia, mas também bonita. E não somente bonita, mas também...

Sócrates foi acusado por seus inimigos de ter afirmado, com grande heresia, que a lua era uma pedra. Ele negou essa acusação. Todos os homens, disse ele, sabem que a lua é um deus, e ele concordava com todos os homens. Como resposta à filosofia materialista do "nada senão", sua réplica foi sensata e até mesmo científica. Mais sensata e científica, por exemplo, do que a réplica inventada por D.H. Lawrence naquele livro estranho, tão verdadeiro em sua substância psicológica, tão ridículo, muitas vezes, em sua forma pseudocientífica, *Fantasia do inconsciente*. "A lua", escreve Lawrence, "certamente não é um frio mundo de neve, como um mundo nosso esfriado. Bobagem. É um globo de substância dinâmica, como rádio ou fósforo, coagulado em cima de um vívido polo de energia." O defeito dessa afirmação é que ela calha de ser comprovadamente falsa. A lua com toda certeza não é formada de rádio ou fósforo. A lua é, em seu aspecto material, "uma pedra". Lawrence estava com raiva (e ele fazia bem em ficar com raiva) dos filósofos do nada-senão que insistem que a lua é apenas uma pedra. Ele sabia que a lua era algo mais; ele tinha uma certeza empírica de seu profundo significado e importância. Mas Lawrence tentou explicar esse fato empiricamente estabelecido sobre sua importância em termos errados – em termos de matéria e não de espírito. Dizer que a lua é feita de rádio é um absurdo. Mas dizer, com Sócrates, que é feita de material divino é rigorosamente preciso. Porque não há nada, é claro, para impedir que a lua seja tanto uma pedra quanto um deus. A evidência em favor de sua pedregosidade e em detrimento de sua radiosidade pode ser encontrada em qualquer enciclopédia para crianças. Ela carrega uma convicção absoluta. Não menos convincente, no entanto, é a evidência da divindade da lua. Ela pode ser extraída das nossas próprias experiências, dos escritos dos poetas, e, em fragmentos, até mesmo de certos livros didáticos de fisiologia e medicina.

Mas o que é essa "divindade"? Como haveremos de definir um "deus"? Expresso em termos psicológicos (que são primários – não há como chegar atrás deles), um deus é algo que nos fornece o peculiar tipo de sentimento que o professor Otto chamou de "numinoso" (do latim *numen*, uma presença sobrenatural). Sentimentos numinosos são a matéria divina original a partir da qual a mente criadora de teorias extrai os deuses individualizados dos panteões, os vários atributos do Uno. Uma vez formulada, uma teologia evoca, por sua vez, sentimentos numinosos. Assim, os terrores dos homens em face do universo perigosamente enigmático os levam a postular a existência de deuses raivosos; depois, mais adiante, pensar em deuses raivosos os fez sentir terror, mesmo quando o universo não lhes causava, de momento, nenhum motivo de alarme. Emoção, racionalização, emoção – o processo é circular e contínuo. A vida religiosa do homem funciona sob o princípio de um sistema de água quente.

A lua é uma pedra; mas é uma pedra altamente numinosa. Ou, para ser mais preciso, ela é uma pedra sobre a qual e pela qual homens e mulheres têm sentimentos numinosos. Assim, existe um luar suave que pode nos dar uma paz que ultrapassa o entendimento. Há um luar que inspira uma espécie de pavor. Há um luar frio e austero que fala à alma sobre sua solidão e seu isolamento desesperado, sua insignificância ou sua imundície. Há um luar amoroso propiciando o amor – amor não apenas por um indivíduo, mas por vezes até mesmo pelo universo inteiro. Mas a lua brilha na superfície do corpo tanto quanto, através das janelas dos olhos, no interior da mente. Ela afeta a alma diretamente; mas pode afetar também por caminhos obscuros e tortuosos – por meio do sangue. Metade da raça humana vive em manifesta obediência ao ritmo lunar; e há evidências de que a vida fisiológica e portanto espiritual não só das mulheres mas também dos homens misteriosamente sofre fluxos e refluxos com as mudanças da lua. Existem alegrias irracionais, tristezas inexplicáveis, risadas e remorsos sem qualquer causa. Suas alternâncias bruscas e fantásticas constituem o clima ordinário das nossas mentes. Esses comportamentos, dos quais os mais gravemente numinosos podem ser hipostasiados como deuses, e os mais tranquilos, se assim quisermos, como duendes e fadas, são os filhos do sangue e dos humores. Mas o sangue e os humores obedecem, entre muitos outros mestres, às mudanças da lua. Tocando a alma diretamente através dos olhos e, indiretamente, ao longo dos canais escuros do sangue, a lua é duplamente uma divindade. Até mesmo os cães e os lobos, a julgar pelo menos por seus uivos noturnos, parecem sentir de alguma forma indistinta e bestial uma espécie de emoção numinosa em relação à lua cheia. Ártemis, a deusa das coisas selvagens, é identificada na mitologia posterior com Selene.

Mesmo se pensarmos na lua como sendo apenas uma pedra, haveremos de considerar sua pedregosidade, potencialmente, um *numen.* Uma pedra esfriada. Uma pedra sem ar, sem água, e a imagem profética da nossa própria Terra quando, passados alguns milhões de anos, o sol senescente terá perdido seu atual poder de nutrição... E assim por diante. Essa passagem poderia ser prolongada com grande facilidade – um Estudo em Púrpura. Mas eu me abstenho. Deixemos que cada leitor acrescente o máximo dessa régia cor retórica quanto for de seu gosto. De qualquer forma, púrpura ou não púrpura, lá está a pedra – pedregosa. Você não consegue pensar nela por muito tempo sem se ver invadido por um ou outro dos diversos sentimentos essencialmente numinosos. Tais sentimentos pertencem a um ou outro de dois grupos contrastantes e complementares. O nome da primeira família é Sentimentos da Insignificância Humana, e o do segundo, Sentimentos da Grandeza Humana. Meditando sobre aquela pedra abandonada flutuando lá no abismo, você poderá se sentir muito numinosamente um verme, abjeto e fútil em face das imensidões inteiramente incompreensíveis. "O silêncio desses espaços infinitos me assusta." Você poderá se sentir como Pascal se sentiu. Ou então, em outra alternativa, você poderá se sentir como monsieur Paul Valéry disse que se sente. "O silêncio desses espaços infinitos *não* me assusta." Porque o espetáculo dessa lua pedregosa e astronômica não precisa, necessariamente, fazer com que você se sinta como um verme. Ele poderá, ao contrário, fazer com que você se rejubile, de maneira exultante, na sua masculinidade. Lá está flutuando essa pedra, o símbolo mais próximo e mais familiar de todos os horrores astronômicos; mas os astrônomos que descobriram esses horrores do espaço e do tempo eram homens. O universo lança um desafio para o espírito humano; apesar de sua insignificância e abjeção, o homem o assumiu. Na infinitude negra, a pedra olha para baixo, na nossa direção, um *memento mori*. Mas o fato de que sabemos tratar-se de um *memento mori* nos justifica quando sentimos um certo orgulho humano. Nós temos direito aos nossos ânimos de sóbria exultação.

SOBRE A GRAÇA

"O mérito", escreve Michelet* no decorrer de um ataque ao conceito cristão da Graça, "dizem que o mérito consiste em sermos amados, em sermos os eleitos de Deus, predestinados à salvação. E o demérito, a danação? Em sermos odiados por Deus, condenados com antecedência, criados para a danação." Isso era mais do que um democrata passionalmente convencido poderia engolir. "Quem consegue acreditar, hoje em dia, que Deus salva por favorecimento, que a salvação é um privilégio arbitrário e caprichoso? Não importa o que alguém possa dizer, o mundo hoje acredita, e acredita com fé inabalável, em justiça, justiça igualitária, sem privilégios." Charles Péguy**, num dos seus escritos de juventude, desenvolveu o mesmo tema. Porque "assim como somos irmanados (*solidaires*) com os amaldiçoados da terra... mesmo assim... somos irmanados com os amaldiçoados eternos. Não admitimos que possam existir seres humanos tratados de forma desumana; que possam existir cidadãos tratados de forma pouco cívica ou homens expulsos da entrada de qualquer cidade. Eis aqui o profundo movimento pelo qual somos animados, o grande movimento de universalidade que anima a ética kantiana e nos anima em nossas reivindicações. Nós não admitimos que possa existir uma única exceção, que qualquer porta possa ser batida na cara de qualquer

* Jules Michelet (1798-1874): historiador e filósofo francês. (N.E.)
** Charles Péguy (1873-1914): escritor e editor francês cuja obra de juventude é marcada pelo socialismo e nacionalismo. (N.E.)

pessoa. Céu ou terra, não admitimos que possam existir fragmentos da cidade não vivendo nos limites da cidade".

"Chega de eleitos." As palavras são um admirável grito de guerra. Mas um grito de guerra é raras vezes, talvez nunca seja, uma verdade. "Chega de eleitos" é a expressão de um desejo, não a afirmação de um fato. Pois não existem, na própria natureza das coisas, certas portas que, para algumas pessoas, devem sempre permanecer fechadas, certas inescapáveis e fadadas danações, certas eleições inevitáveis? Pelagianos e arminianos, humanitários e democratas (sob os nomes diferentes, a heresia continua sendo a mesma) responderam: "Não". Está sempre em poder do homem moldar seus próprios fins; o esforço humano e a ação correta são sempre suficientes. Mas não apenas a ortodoxia, os fatos em si, parece-me, condenam tais heréticos. Pois aqui e agora, e um tanto separados de qualquer vida após a morte hipotética, não estão os fatos observáveis da Graça e da Reprovação? Fatos desagradáveis, sem dúvida – mas também é desagradável, por vezes, a gravidade, um fato desagradabilíssimo quando, no topo de um arranha-céu, o cabo do elevador se rompe. Nenhuma quantidade de descrença, nenhuma quantidade de não querer admitir vai impedir as pessoas que deram um passo além da beira do precipício de despencar até o fundo. Colocar cercas em torno de pedreiras é correto e razoável; fingir que é impossível cair é bobo. Michelet e Péguy, parece-me, são homens que se recusam a admitir a existência da gravidade. "Para todo aquele que tem dar-se-á, e daquele que não tem tirar-se-á mesmo aquilo que tem" é a formulação de uma lei natural. Nós podemos fazer algo para limitar a operação dessa lei, assim como podemos fazer algo (por meio de cercas, paraquedas e o que mais for) para limitar a operação da lei da gravidade. Por exemplo: certos abismos sociais podem ser cercados com legislação. Podemos tornar possível que um homem não tenha poderes políticos não compartilhados por seus companheiros. Podemos abolir os extremos da riqueza e da pobreza. Podemos dar para todas as crianças a mesma educação. A operação da lei da Graça será, por esses meios, limitada; mas não podemos abolir a lei em si mais do que podemos abolir a lei da gravidade. Ocasiões para que a lei se manifeste – isso é tudo que podemos abolir e, mesmo assim, não em grande número. Pois, embora possamos impedir um homem de ter mais dinheiro do que outro, não podemos equalizar a congênita riqueza de perspicácia e charme, de sensitividade ou força de vontade, de beleza, coragem, talentos especiais. Para aqueles que, de um modo bastante injusto, têm muito dessa riqueza hereditária, muito sob a forma de experiência social valiosa, de conhecimento, poder e influência social será dado; daqueles que têm pouco, a pequena parte que possuem será tirada. Os democratas fazem o seu melhor para impedir que quaisquer portas sejam batidas nas caras do que não têm, ou que se abram em especial para os eleitos; mas em vão. Pois, embora possamos impedir um homem de possuir privilégios políticos, econômicos ou educacionais não compartilhados por seus companheiros, não podemos impedi-lo (caso ele seja dotado por natureza) de fazer um uso incomparavelmente melhor de seus privilégios educacionais do que os outros, de gastar seu dinheiro de uma maneira mais humana e apropriada, e de exercer poder sobre aqueles que não gostam de responsabilidade e cujo único desejo é serem liderados. O próprio homem que disse "*Plus d'élus*" era um dos eleitos – em certos aspectos, pelo menos. Pois um homem poderá ter (e será devidamente recompensado por tê-la) uma espécie de riqueza espiritual e ao mesmo tempo não possuir (a ser punido por não possuí-los) certos outros dons e graças. Intelectualmente, por exemplo, ele pode ter algo e esse algo lhe será dado; mas em âmbito emocional e estético, algo poderá ser tirado dele porque ele não o tem.

Na perspectiva humana, a Natureza das Coisas é profundamente desigual. É impossível justificar os procedimentos de Deus ao homem em termos de moralidade humana ou mesmo de razão humana. Nos capítulos finais do Livro de Jó, Deus é justificado não por Sua bondade, não pela razoabilidade daquilo que Ele ordena, mas porque, como atestam Suas criações estranhas, enigmáticas e muitas vezes sinistras, Ele é poderoso e perigoso e gloriosamente inventivo para além de todas as concepções humanas; porque Ele é a um só tempo tão admirável e tão apavorante que não conseguimos dedicar a Ele suficiente amor ou temor; porque em última instância Ele é absolutamente incompreensível. O asno selvagem e o unicórnio indomável, o cavalo de batalha rindo entre as trombetas, o falcão e a feroz águia, "cujas crias também chupam sangue" – esses são os emblemas de Deus, essas são as bestas heráldicas estampadas nos estandartes do Céu. Os argumentos proferidos pelo redemoinho – ou antes a mera declaração de um fato prodigioso – são demasiado para Jó. Ele admite que tem falado sobre coisas "que eu não entendo, coisas maravilhosas demais para mim as quais eu não conheço". "Por conseguinte, eu me abomino e me arrependo em pó e cinzas." Jó, parece-me, é a palavra final neste assunto inquietante. Na frase de Ivan Karamázov, nós devemos "aceitar o universo" não apenas a despeito das coisas tenebrosas e incompreensíveis que ocorrem nele, mas de fato, até certo ponto, por causa delas. Devemos aceitá-lo, entre outras razões, por que ele é, do nosso ponto de vista humano, inteira e divinamente inaceitável. "Queres condenar-me para que sejas correto?", Deus pergunta e, sem se dignar a explicar qual poderia ser a Sua própria correção, prossegue para rematar Seu extraordinário argumento zoológico com Beemote e Leviatã*. "Um", Deus explica, "move sua cauda como um cedro, os nervos de suas rochas são entretecidos." Quanto ao outro, "quem pode abrir as portas de sua face? Seus dentes são terríveis em toda a volta". Beemote e Leviatã são mais convincentes do que os mais impecáveis silogismos. Jó fica esmagado, achatado; a lógica divina move os pés dos elefantes.

"O mérito consiste em sermos amados, os eleitos de Deus, predestinados à salvação." E "a justiça não é suficiente". Michelet tinha raiva dos cristãos por fazerem tais afirmações. Mas no fundo, e quando libertadas de suas incrustações mitológicas, essas afirmações acabam sendo, infelizmente, verdadeiras. O nosso universo é o universo de Beemote e Leviatã, não o de Helvétius e Godwin**. A salvação neste Mundo de Beemote (para não falar de sucesso) não é necessariamente recompensa por aquilo que consideramos como mérito; é o fruto de certas inatas qualidades de espírito (qualidades que podem ser meritórias em termos humanos – ou não); em outras palavras, é o resultado do favoritismo e da predestinação. A Justiça não é suficiente; a fé (no sentido de algo amoral, mas por qualquer razão agradável a Deus) também é necessária – na verdade, em alguns casos só ela é suficiente para garantir a salvação. A integridade pessoal, a felicidade e inclusive o bem de todos podem ser alcançados, na perspectiva humana, por pessoas imorais e como resultado do cometimento de atos injustos; ao passo que os atos justos de pessoas morais mas infelizmente predestinadas, desagradáveis a Deus, podem resultar em danação para os atores meritórios e

* Duas criaturas monstruosas descritas pela Bíblia. (N.E.)

** Claude-Adrien Helvétius (1715-1771), filósofo francês, e William Godwin (1756-1836), jornalista, romancista e filósofo político inglês. (N.E.)

desastres para os que estão em volta deles. No estranho e belíssimo livro *O castelo*, Franz Kafka escreveu, em termos de uma alegoria realista e aterrorizante, sobre a incomensurabilidade entre os valores divinos e os valores humanos. Julgados por parâmetros humanos, os oficiais nesse Castelo celestial são malignamente caprichosos e ineficientes quase ao nível da imbecilidade. Quando eles recompensam é por mero favoritismo, e quando punem é em geral por atos honrosos e racionais. Acima de tudo, eles nunca são consistentes. Porque às vezes as pessoas morais e razoáveis se veem recompensadas (pois acontece que elas são de algum modo agradáveis a Deus além de morais e razoáveis); e às vezes as pessoas imorais e pouco razoáveis se veem (como pensamos que deveriam ser) severamente punidas – mas punidas por ações que em outras, predestinadas com maior felicidade, são classificadas como méritos. Não há como saber. E que não haja como saber é justamente o "ponto" da Natureza das Coisas. Nessa incompreensibilidade consiste ao menos uma parte de sua divindade, e uma das razões para aceitarmos o universo é este preciso fato: ele nos propõe um enigma insolúvel.

Aqui eu preciso traçar uma distinção necessária entre salvação e sucesso. (Eu uso esta última palavra não em seu restrito sentido smilesiano*, mas em seu mais amplo significado possível. Cézanne nunca vendeu nenhum de seus quadros; mas ele foi um pintor de imenso sucesso – isto é, sucesso em relação à pintura.) Aqueles que têm talentos serão recompensados por sua boa ventura; mas não decorre disso que eles irão ganhar a salvação – salvação, quero dizer, no presente; pois não podemos discutir com proveito um hipotético futuro após a morte. Pode ou não existir um Reino dos Céus;

* Referência a Samuel Smiles (1812-1904), escritor e reformador britânico que refletiu sobre a autoajuda. (N.E.)

mas existe com toda certeza, como Jesus insistia, um Reino dos Céus dentro de nós, acessível durante a vida. A salvação nesse céu íntimo é um certo sentimento de realização e integridade pessoal, uma consciência profundamente satisfatória de que estamos "em ordem". (*In sua volontade è nostra pace.*) Para homens e mulheres normais, a consciência de terem se comportado de uma maneira (segundo a perspectiva humana) meritória é, em muitos casos, um pré-requisito necessário a essa salvação. Mas sob hipótese alguma em todos os casos. Uma pessoa pode se sentir realizada e em ordem por nenhuma razão melhor do que o fato de a manhã por acaso estar bonita. A salvação é um estado de espírito, é o que temos na nossa consciência quando os vários elementos do nosso ser estão em harmonia entre si e com o mundo que nos cerca. Para obter essa harmonia, pode ser que tenhamos de nos comportar com mérito – mas na mesma medida pode ser que não tenhamos de fazer nada do tipo. É possível, para nós, que sejamos harmonizados gratuitamente – em linguagem ortodoxa, que sejamos salvos pela graça de Deus.

Quanto maiores e mais excepcionais forem os dons para obtenção de sucesso de um homem, tanto mais difícil lhe será, em regra, alcançar essa harmonia da qual a consciência é salvação. Os pobres de espírito são menos bem-sucedidos do que os ricos de espírito, mas eles são, por essa exata razão, mais passíveis de ser salvos. Graças a tal pobreza, eles de fato não são cientes de muitas das possibilidades de discórdia que os ricamente dotados transformam com tanta facilidade em efetiva desarmonia. É verdade, a salvação dos ricos de espírito, quando eles alcançam a harmonia, é uma salvação melhor do que a dos pobres de espírito; o céu tem suas esferas. Mas harmonia é sempre harmonia, e, em seu plano mais baixo, os pobres de espírito são tão genuinamente salvos quanto são os ricos nos deles. Além disso, mais deles são salvos, tanto em termos absolutos quanto na proporção dos números totais. A injustiça cósmica é assim vista como sendo temperada por uma certa bondade compensatória para os despossuídos, os quais mostram ser, afinal de contas, possuidores de algo que lhes dá o direito de receber um dom. Esse algo (que, até onde diz respeito a sucesso, é nada, tem um valor negativo) é a pobreza deles. A lei da Graça se confirma até mesmo aqui, "pois para todo aquele que tem dar-se-á". Os pobres têm a pobreza, e a salvação lhes é concedida; não têm nenhum talento, e o sucesso, portanto, é tirado deles. Àqueles que têm talentos, pelo contrário, é concedido sucesso; mas não tendo nenhuma simplicidade facilmente harmonizável, eles não ganham salvação, ou esta só lhes é concedida de má vontade. É quase tão difícil ao espiritualmente rico entrar no Reino dos Céus quanto é ao materialmente rico.

O sucesso é concedido àqueles que têm talentos; mas em diversos casos é concedido apenas quando os talentos são usados de uma maneira (na perspectiva humana) meritória. Existem também diversos casos nos quais a consciência de termos agido com mérito é necessária à salvação pessoal. Mas ajudar no sucesso individual ou na salvação individual é apenas uma função secundária e incidental da moralidade. O "ponto" essencial do comportamento meritório é que se trata de um valor socialmente importante. O indivíduo obtém sucesso por causa de seus talentos e é salvo pela Graça porque apresenta certas salvadoras peculiaridades de caráter ou desempenhou algum ato de "fé" habitualmente amoral mas agradável a Deus. Boas ações são as coisas que salvam não o indivíduo mas a sociedade, que mitigam as injustiças do mundo, das quais o Beemote é o emblema. Colocar cercas em torno de pedreiras – isso é uma boa ação.

O Cristianismo aprova colocar cercas em torno de pedreiras; mas também insiste com muita força no fato de que as pedreiras existem e que a lei da gravidade é inalterável. Nisso o Cristianismo revela ser de todo científico; embora sem dúvida não seja tão científico em identificar uma das condições amorais de salvação com a crença no Credo Atanasiano*. O humanitarismo democrático não é científico. Seus apóstolos proclamam a salvação por boas ações e parecem acreditar que a lei da Graça, caso exista, pode ser revogada por um Ato do Parlamento. Não contentes em colocar cercas em torno de pedreiras, humanitários como Michelet e Péguy negam, de forma paradoxal, a possibilidade da queda. Se as pessoas de fato caem, isso se deve à malignidade de alguns dos companheiros delas, não à operação de uma lei natural.

Se o mundo é um lugar ruim (e o Beemote não é notável por suas virtudes), deveriam os mitos religiosos ser verdadeiros? Admitir a existência dos fatos ruins, incorporá-los a um mito religioso é, em certo sentido, condenar e até mesmo santificá-los. Mas o mal não deveria ser perdoado ou santificado; mudar aquilo que consideramos ruim é o primeiro dos deveres humanos. Na luta contra o mal, não são todas as armas legítimas? Uma pessoa não poderá depreciar uma coisa com mais efetividade do que ao dizer que ela não existe, ou que, caso exista, sua existência é apenas acidental e temporária. Religiões puramente práticas, como a Ciência Cristã e o humanitarismo democrático, fazem livre uso dessas armas-avestruz de negação e deliberada ignorância. Procurando curar os doentes, os cientistas cristãos se recusam a admitir que exista realmente algo semelhante à doença. Atacando a injustiça, os humanitários negam

* Texto compreendendo 40 artigos e reconhecido pelos três principais ramos da igreja católica. Reafirma, entre outras coisas, a Santíssima Trindade. (N.E.)

a existência da Graça. Do ponto de vista do agente de publicidade, eles estão provavelmente certos. *Chega de doença* e *Plus d'élus* são palavras de ordem admiráveis, com venda garantida de grandes consignações de Ciência Cristã e humanitarismo democrático num espaço de tempo notavelmente curto. Mas eles prosseguirão vendendo seus bens? E mesmo agora eles os vendem para todos? A resposta para a segunda pergunta é: "Não, existem muitas pessoas para quem essas palavras de ordem não têm apelo". E presumivelmente existirão pessoas assim no futuro; de modo que a resposta para a primeira pergunta é só uma afirmativa moderada. *Chega de doença* e *Plus d'élus* continuarão vendendo seus bens para algumas pessoas, nunca para todas. Para que sejam aceitos pela maioria das pessoas durante longos períodos, os mitos precisam ser, no fundo, tão verdadeiros quanto úteis. As religiões bem-sucedidas são científicas ao menos em parte; elas aceitam o universo, incluindo o mal, incluindo o Beemote, incluindo a extrema injustiça da Graça.

Um perigo acossa os científicos, as religiões demasiado realistas; eles poderão se ver proclamando que tudo que houver estará certo. Fatos não são necessariamente bons por serem fatos; é fácil, no entanto, acreditar que são. A mente humana tem uma tendência de atribuir não apenas existência a algo que considera valioso como também valor ao que há.

Se nós aceitamos o universo, devemos aceitá-lo por razões puramente jóbicas – por sua inumanidade divinamente assustadora e divinamente bela, ou, em outras palavras, porque, para os nossos padrões, ele é de todo inaceitável. Devemos aceitar o Beemote, mas aceitá-lo, entre outras razões, para que possamos lutar melhor com ele.

A Graça é um fato, e a lei da Graça é inelutável. Mas um mito religioso que levasse em conta somente a

Graça e se omitisse em falar de Justiça seria muito insatisfatório. Nietzsche é um mito assim. Os valores que ele transvalora são os valores sociais, e ele os transvalora nos valores da Graça. "*Rien que les élus*", diz o filósofo da Graça: nada senão os eleitos, e aqueles que não são os eleitos são nada. A lei da Graça deveria ter autorização para operar sem restrições. Nenhuma cerca em torno de qualquer pedreira; aqueles que a Natureza reprovou deveriam ser encorajados a cair. Uma doutrina nesses moldes funciona muito bem para um homem de gênio cronicamente moribundo vivendo bastante sozinho em hotéis alpinos ou pensões na Riviera. (Eu mesmo sempre me sinto intensamente aristocrático após um mês ou dois de isolamento nas Dolomitas ou junto ao Tirreno.) Mas para as pessoas que, na prosaica Londres ou Berlim ou Paris, precisam de fato dar o empurrão por sobre os precipícios, para as pessoas que precisam ser empurradas...? O sujeito só tem de fazer a pergunta para perceber que uma religião de Graça total simplesmente não serve.

Como de costume, devemos separar a diferença; ou melhor, devemos preservar a diferença e simplesmente deixar juntas as duas incompatibilidades, Graça e Justiça, lado a lado, sem fazer qualquer tentativa vã de reconciliar a contradição. Mutuamente hostis, esses dois princípios de Graça e Justiça podem ser reconciliados na prática por quem tem aquilo que é chamado, no jargão da teologia democrática, de "sentimento de solidariedade" – por quem, em outras palavras, ama o seu próximo. Alguns homens e mulheres têm um talento especial para o amor; eles são tão poucos, eu creio, quanto aqueles que têm um talento especial na pintura ou na matemática. Para os menos dotados congênitos, o Cristianismo e (em tempos mais recentes) o Humanitarismo tentaram ensinar a arte do amor. Trata-se de uma arte muito difícil de adquirir, e os sucessos de seus professores cristãos e democráticos não foram muito consideráveis. A maioria das pessoas não ama o seu próximo, ou só o ama em caráter abstrato e quando ele não está por perto. Em momentos de crise, é verdade, eles poderão ser arrebatados pelo "sentimento de solidariedade", eles poderão se sentir irmanados com "*les damnés de la terre, les forçats de la faim*". Mas desastres não são crônicos, e em épocas normais os sentimentos da maioria de nós em relação aos amaldiçoados da terra são quase inexistentes. A não ser que o caso deles nos chame atenção de forma violenta, nós simplesmente não pensamos nos amaldiçoados. Com o tempo, talvez, à medida que a ciência da psicologia se tornar mais apropriada, uma melhor técnica de ensinar aos homens como amar uns aos outros poderá ser descoberta. (Numa hipótese alternativa, é claro, os nossos descendentes poderão desenvolver uma nova ordem social, parecida com a dos selenitas do sr. Wells* – uma sociedade de insetos na qual o amor é perfeitamente desnecessário.) A psicologia científica poderá obter sucesso onde o Cristianismo e as religiões políticas falharam. Mantenhamos essa esperança. Num mundo onde a maioria das pessoas tivesse sido ensinada a amar o próximo não haveria nenhuma dificuldade em reconciliar as reivindicações da Graça com as da Justiça, as da universalidade com o favoritismo. Mas neste mundo efetivo, onde tão poucas pessoas amam o seu próximo, onde aqueles que não têm invejam aqueles que têm e onde aqueles que têm desprezam ou, com maior frequência, simplesmente ignoram, simplesmente não tomam conhecimento dos que não têm – neste nosso mundo efetivo a reconciliação é de fato difícil.

---

* Referência às criaturas lunares do romance *Os primeiros homens na lua*, de H. G. Wells (1866-1946). (N.E.)

GUINCHOS E ALGARAVIAS

Na mais altaneira e palmífera Roma,
Pouco antes da queda do poderoso Júlio,
As tumbas ficaram vazias, e os defuntos amortalhados
Guincharam algaravias nas ruas romanas.

Poeticamente, é claro, eles não poderiam ter feito nada exceto guinchar algaravias. Jamais poderiam, por exemplo, ter chorado e resmungado, tampouco lamuriado e sussurrado, e ainda menos ter desfrutado de assombrações e manifestações vocais diretas. As leis misteriosas da poesia exigiam que eles guinchassem algaravias e não fizessem nada exceto guinchar algaravias. Guinchos e algaravias são, nessas circunstâncias, artisticamente inevitáveis; são também, aliás, historicamente corretos. Porque os mortos romanos, pelo menos nas fases mais remotas, altaneiras e palmíferas da história romana, *de fato* guinchavam algaravias. Eles soltavam guinchos débeis e pronunciavam algaravias ineficazes a exemplo dos pobres fantasmas anêmicos para os quais Odisseu preparou, na fronteira do Hades, aquela tonificante refeição de sangue*. Durante o milênio que precedeu a era cristã, e nas terras em volta do Mar Mediterrâneo, os fantasmas eram criaturas delgadas, indistintas, um tanto impessoais. Os mortos sobreviviam, mas de modo miserável e débil, como meras sombras. "Não há obra,

* Referência ao episódio no Canto XI da *Odisseia* em que Odisseu vai até o mundo dos mortos e, diante desses, para apaziguá-los, sacrifica várias reses. (N.E.)

nem artifício, nem conhecimento e nem sabedoria no Sheol, para onde tu vais." As palavras são do Eclesiastes; mas poderiam ter sido faladas em quase qualquer lugar do mundo mediterrâneo em quase qualquer momento entre a Guerra de Troia e o assassinato de Júlio César.

O período de guinchos-e-algaravias da imortalidade chegou ao fim, grosso modo, no início da Era Cristã. Cícero e Virgílio eram ainda crentes nas doutrinas homéricas; eles aguardavam uma existência póstuma não mais, mas bem menos gloriosa do que a vida na terra. "Prefiro viver em cima do chão como um mercenário de outro, com um homem sem terra que não tenha qualquer grande sustento, do que governar o mundo dos mortos." Suas visões eram fundamentalmente as mesmas de Homero.

Nisso eles não eram, para sua época, muito modernos. Porque Platão e os mistagogos já tinham, muito antes, começado a esperar por um futuro póstumo muito diferente daquele que aguardava os heróis homéricos e do Velho Testamento. Nos tempos de Cícero, a hipótese de guinchos-e-algaravias estava ficando antiquada com grande rapidez. A ascensão do Cristianismo a tornou tão herética quanto fora de moda. Os mortos cristãos não eram autorizados a guinchar algaravias; eles precisavam cantar ou tocar harpa, ou então gritar numa agonia infindável. E eles continuaram a fazer música ou gritar até tempos bem recentes. No decorrer do último século, no entanto, mudanças muito consideráveis tiveram lugar. Os mortos de todo cristãos, de todo pessoais, de todo morais, com sua música e sua visão beatífica, sua privação da presença de Deus e suas torturas, são agora, eu arriscaria dizer, a minoria. E quanto aos outros falecidos? Muitos deles são simplesmente inexistentes; pois o número de pessoas que dogmaticamente não acredita ou então agnosticamente ou sem dar importância simplesmente não se preocupa com a imortalidade é agora considerável. Alguns, no entanto, são gloriosos mas impessoais sobreviventes, reabsorvidos, de maneira panteísta, num Todo divino e universal. Outros ainda, os falecidos com os quais certos espiritualistas estabelecem contatos, vivem numa versão atualizada do Feliz Campo de Caça dos índios americanos, uma repetição superior e ligeiramente menos material do mundo presente, com direito a uísques e refrigerantes, charutos e campos de golfe em miniatura. O número de crentes nessa espécie de sobrevivência parece estar crescendo. Por fim temos o Pesquisador Psíquico científico, cujas visões quanto à vida futura (caso possamos julgar pelos pronunciamentos de autoridades eminentes como o professor C.E. Broad e monsieur René Sudre) parecem ser quase indistinguíveis das visões de Homero e do autor do Eclesiastes. Pois tudo aquilo que sobrevive, de acordo com esses pesquisadores (e as evidências existentes, parece-me, não justificariam a ninguém qualquer aprofundamento), é o que o professor Broad chama de "fator psíquico" – algo que, em conjunção com um cérebro material, cria uma personalidade, mas que, quando isolado, não é mais pessoal do que a matéria. Os mortos, portanto, sobrevivem, mas apenas de modo fragmentário e fraco, como meras lascas de memória errante. Numa palavra, a teoria de sobrevivência dos guinchos-e-algaravias é aquela que, de acordo com alguns dos mais competentes observadores científicos, melhor se encaixa nos fatos disponíveis. O pensamento ocidental voltou, no tocante à questão da imortalidade, ao ponto do qual partiu. E isso não é nenhuma surpresa; pois, como apontou anos atrás o professor Leuba em seu excelente livro *A crença em Deus e na imortalidade*, o conceito homérico de sobrevivência, isso que eu chamei de teoria dos guinchos-e-algaravias, é fundamentalmente científico – uma teoria criada para se encaixar em fatos observáveis. Alguns desses fatos, como agora vemos, eram irrelevantes à questão da sobrevivência. Outros, contudo, eram relevantes.

Os vivos por vezes têm sonhos ou visões despertas sobre os mortos; por vezes, quando estão pensando sobre os falecidos, eles experimentam uma estranha e singularmente convincente "sensação de presença". Mentes ingênuas interpretam essas experiências em termos de uma teoria da sobrevivência – uma teoria de guinchos-e--algaravias –, pois é a única que se encaixa nessa categoria de fatos, bem como é a única que se encaixa nos fatos (caso fatos sejam) das aparições, assombrações e coisas do tipo. O pesquisador psíquico moderno baseia sua teoria de guinchos-e-algaravias nesta última categoria de fatos "supranormais". Os contemporâneos de Homero baseavam sua similar teoria nessas mesmas supranormalidades (porque presumivelmente elas se manifestavam, então, ao menos com a mesma frequência de hoje); mas também nas normalidades um tanto irrelevantes de sonho, visão, sensação de presença e coisas do tipo. Velha e nova, ambas são teorias científicas, isto é, teorias criadas para se encaixar em certos fatos observáveis. A única diferença entre elas é que os teóricos homéricos aceitaram, como relevantes, fatos que nós agora consideramos insignificantes. Ocorreu, no entanto, que a teoria de guinchos-e-algaravias dos homéricos se encaixava nos fatos irrelevantes tão bem quanto se encaixava e se encaixa nos fatos relevantes. De modo que o engano deles teve, em comparação, pouca importância.

A teoria da imortalidade platônica e cristã – o conceito de harpa-e-gritos, em oposição ao de guinchos-e--algaravias quanto a uma vida futura – não é em sentido algum uma hipótese científica. Ela não foi criada para se encaixar em fatos observáveis; foi criada para satisfazer certos desejos – alguns com o mais crasso teor egoísta, outros marcados pelo mais elevado idealismo. A existência desses ideais e aspirações e até mesmo desses anseios puramente egoístas por uma continuação da vida pessoal foi tomada por vários filósofos como a principal premissa de um argumento cuja conclusão é o fato comprovado da imortalidade pessoal e retribuidora. Porém, como Broad demonstrou, é difícil (embora não seja, em certos casos, impossível) construir uma ponte lógica entre o mundo da moralidade e o mundo da verdade científica; e de qualquer maneira, levando-se em conta os acontecimentos históricos, tais pontes, quando construídas, quase invariavelmente desmoronaram. Assim, o argumento moral a favor da imortalidade não suportará o peso do ceticismo. Essa ponte lógica é uma estrutura cuja sina inevitável é cair aos pedaços, e só pode ser atravessada por aqueles que dispõem das asas da fé e portanto não têm nenhuma necessidade de seu apoio. Quanto ao argumento biológico – de que a existência de um desejo inato só poderá implicar a existência de um objeto desse desejo, como a fome implica a existência da comida e o desejo sexual, o de um possível parceiro –, este seria irrefutável apenas se o desejo fosse universal. Mas tal anseio não é e jamais foi universal; o desejo pela sobrevivência, portanto, não é análogo à fome ou ao apetite sexual. Outros filósofos discorreram sobre o desejo pelo fato da imortalidade afirmando a nossa incapacidade de até mesmo conceber a cessação da nossa consciência. Essa incompreensibilidade da nossa própria inconsciência é um fato da psicologia sobre o qual é interessante e proveitoso meditar. Mas, uma vez que não há nenhuma dificuldade em conceber a cessação da consciência de outras pessoas, eu não vejo como jamais poderá ser de todo convincente o argumento derivado desse fato. A imortalidade do tipo platônico ou cristão foi e presumivelmente deverá continuar a ser um objeto apenas da esperança, do anseio, da fé; a sobrevivência, caso sobrevivência seja, que é objeto da observação científica é sobrevivência do tipo homérico – a sobrevivência de guinchos-e-algaravias dos "fatores psíquicos" indistintos e impessoais. Tentando interpretar os fatos da pesquisa psíquica em termos de uma hipótese cristã modificada, os espiritualistas se envolveram em dificuldades inextricáveis. Porque os fatos da pesquisa psíquica simplesmente não permitem a adoção de qualquer coisa que tenha remota semelhança com um conceito de sobrevivência de harpas-e-gritos; a única interpretação racional à qual eles se prestam é uma interpretação em termos de alguma espécie de teoria dos guinchos-e-algaravias. E isso, de modo notório, é um tanto deprimente. Contudo, pensando bem, inúmeras coisas neste universo são um tanto deprimentes. Outras, felizmente, não são. Aquilo que perdemos nas desvantagens da dor, do mal e da falta de sentido ganhamos numa variedade de vantagens estéticas, sensoriais, intelectuais e morais. Concedida uma razoável quantidade de sorte, é possível viver uma vida que não seja intolerável. E se, depois, nos encontrarmos condenados aos guinchos-e--algaravias, ora, então só nos restará guinchar algaravias. Nesse meio-tempo, tiremos o melhor da fala racional.

Um dos argumentos típicos em favor da imortalidade platônica e cristã é este: se não houvesse uma vida futura, ou de todo modo nenhuma crença numa vida futura, os homens estariam justificados em se comportar como animais e, estando justificados, sem demora começariam a seguir todos o conselho de Horácio e do Pregador para que não fizessem nada exceto comer até estourar, encher a cara e copular. Mesmo um homem da inteligência de Dostoiévski afirma de maneira oracular que "todas as coisas seriam permitidas" caso não houvesse nada semelhante à imortalidade. Esses moralistas parecem esquecer que existem muitos seres humanos que simplesmente não querem passar suas vidas comendo, bebendo e fazendo festa ou, de modo alternativo, como heróis russos, estuprando, assassinando e torturando moralmente seus amigos. O tédio mortal da vida horaciana e o desprazer nauseabundo da vida dostoievskiana seriam mais do que suficientes, com sobrevivência ou sem sobrevivência, para me manter de qualquer maneira (nesses assuntos uma pessoa só pode falar por si mesma) inabalável no caminho estreito do dever doméstico e do trabalho intelectual. Porque o caminho estreito conta com uma perspectiva incomparavelmente mais ampla e, até onde me diz respeito, incomparavelmente mais favorável do que a trajetória da luxúria; realizados, os deveres domésticos são uma fonte de felicidade, e o trabalho intelectual é recompensado pelos mais intensos deleites. Não é a esperança do céu o que me impede de mergulhar naquilo que é tecnicamente conhecido como uma vida de prazeres; é simplesmente o meu temperamento. Acontece que eu considero a vida de prazeres chata e dolorosa. E eu a consideraria chata e dolorosa mesmo se ficasse provado para mim de forma irrefutável que o meu destino era ser extinto ou, pior, sobreviver sob a forma de uma sombra soltando guinchos e algaravias – como uma das "cabeças fracas", na expressiva formulação de Homero. *Nekuôn amenêna karêna* – as cabeças fracas dos mortos. As pessoas que já compareceram a sessões espiritualistas irão concordar que a descrição é dolorosamente precisa.

CRENÇAS E AÇÕES

Aos coletores de espécimes humanos (uma classe à qual eu mesmo pertenço; pois variedades psicológicas são as únicas coisas que jamais julguei dignas de colecionar), recomendo os dois volumes de monsieur Jean Martet sobre o falecido Georges Clémenceau*. A pessoa poderá não aprovar Clémenceau inteiramente como político: a pessoa poderá inclusive detestar alguns dos princípios e métodos do seu modo de governar. Mas a despeito da desaprovação e do ódio é impossível não admirar o velho tigre, é impossível não render a homenagem devida a um homem dos mais extraordinários. Porque afinal de contas não há nada mais admirável do que o Poder – não o poder organizado da sociedade estabelecida, que é em geral detestável, mas o poder inato do indivíduo, a energia demoníaca da vida. Desse poder inato e natural, dessa energia viva, Georges Clémenceau foi ricamente dotado. Um grande homem difere do homem comum sendo, digamos assim, possuído por um espírito mais do que humano. Esse espírito poderá ser bom ou malévolo; é quase uma questão sem importância. O ponto fundamental é que seja mais do que humano. É a sobrenaturalidade aquilo que gera grandeza e aquilo que somos forçados a admirar – mesmo nos casos nos quais a sobrenaturalidade é moralmente malévola e destrutiva. De que Clémenceau era "possuído" ninguém pode duvidar. Seus diabos podem ter agido com métodos que

---

* Georges Benjamin Clémenceau (1841-1929): jornalista e médico francês que foi senador e primeiro-ministro do país, e ministro da Guerra durante a Segunda Guerra Mundial. (N.E.)

desaprovamos, para obter fins que não são os nossos fins, mas eles eram diabos sobrenaturais genuínos e, como tais, merecedores de toda a nossa admiração.

Basta para uma introdução mais ou menos irrelevante ao meu tema. Porque o meu tema não é Georges Clémenceau. É um tema de interesse geral psicológico e histórico que o fantasma de Clémenceau acabou por me sugerir e do qual a carreira do Tigre é uma boa ilustração. Porque lendo o livro de monsieur Martet outro dia eu topei com as palavras registradas por ele no decorrer de uma conversa com o velho estadista sobre os socialistas revolucionários. "Essas pessoas", disse Clémenceau, "fazem bastante gritaria enquanto você lhes permite que gritem. Mas quando você diz 'Calem a boca!' elas calam a boca... Elas são na maioria débeis mentais, e, além disso, dificilmente são mais corajosas do que os burgueses – o que diz muita coisa, dou minha palavra! Aquilo que dá coragem às pessoas são as ideias. Mas esses seus revolucionários têm quase tantas ideias quanto as minhas botas. Inveja e ressentimento – isso é tudo que eles têm. Esse tipo de coisa não leva você muito longe. Eu os vi durante a guerra; conversei com eles, tentei encontrar algo neles; é lamentável. Nunca tive a menor dificuldade com essas criaturas."

"Aquilo que dá coragem às pessoas são as ideias." A frase poderia ser expandida. Porque não é apenas a coragem aquilo que surge das ideias; é a determinação; é o poder de agir, o poder de seguir agindo com coerência. Pois embora seja verdade que a maioria das ideias não passe de racionalizações de sentimentos, isso não significa que os sentimentos sejam mais importantes no mundo da ação do que as ideias. O sentimento fornece o suprimento original de energia, mas esse suprimento de energia logo falha se os sentimentos não forem racionalizados. Porque a racionalização justifica os sentimentos e serve ao mesmo tempo como substituta para sentimentos e como um estimulante para eles quando estão dormentes. Você não consegue ficar se sentindo violento o tempo inteiro – o organismo humano não permite isso. Mas uma ideia persiste; uma vez que você se persuadiu de sua verdade, uma ideia justifica a continuação a sangue frio de ações que a emoção só poderia ter ditado no calor do momento. Na verdade, uma ideia faz mais do que justificar ações e sentimentos; ela os impõe. Se você aceita uma ideia como verdadeira, então torna-se o seu dever agir a partir dela – mesmo a sangue frio – como uma questão não de sentimento momentâneo, mas de princípio duradouro. É seu dever inclusive reviver a emoção que esteve originalmente na raiz da ideia – ou antes a nova e mais nobre emoção que, graças à ideia, tomou o lugar do sentimento-raiz do qual a ideia brotou. Assim, para usarmos um exemplo óbvio, a inveja – seja do sortudo no dinheiro ou do sortudo no amor – é constantemente racionalizada em termos de teoria política, econômica e ética. Para todos aqueles que não conseguem competir com ele, o amorativo bem-sucedido é um monstro de imoralidade. O homem rico invejado ou é pessoalmente perverso ou é vicariamente perverso como representante de um sistema malévolo. E tendo se persuadido sobre a iniquidade daqueles que eles invejam, os invejosos não apenas ficam justificados em sua hostilidade agora louvável contra os invejados; eles também já não são invejosos. A ideia transformou seu odioso e pequeno sentimento pessoal numa indignação justa, num amor desinteressado e nobre pela virtude, numa aversão à perversidade. "*Ce qui donne du courage, ce sont les idées.*"*

Um pergunta inevitável se apresenta. Quais são as principais ideias fornecedoras de coragem, transformadoras

* São as ideias que dão coragem. Em francês no original. (N.E.)

de emoções e inspiradoras de ação da presente época? Certamente não são as mesmas que já foram. Muitas das grandes ideias que os nossos antepassados aceitavam com pouco ou nenhum questionamento ganham agora uma crença somente morna ou são até mesmo rejeitadas de imediato. Assim, as ideias cristãs, as específicas ideias católicas e protestantes, certa vez detentoras de enorme significado e fonte de tamanha ação criativa e destrutiva, perderam agora uma grande parte de sua potência. Existem, em comparação, poucos homens e mulheres no Ocidente contemporâneo que racionalizam sem questionar seus sentimentos em termos da filosofia e da ética cristãs, poucos que encontram nas velhas ideias cristãs uma fonte de coragem e determinação, um motivo para prolongada e efetiva ação. Essas ideias religiosas não são as únicas que perderam sua força. Houve um declínio na efetividade de algumas ideias políticas, certa vez importantes ao extremo. Todas as ideias certa vez inspiradoras do liberalismo oitocentista estão agora bastante desprovidas de um poder de movimento. É só entre as populações politicamente ingênuas e inexperientes do Oriente que nós encontramos tais ideias exercendo algo semelhante à antiga influência. A mais poderosa ideia política do presente momento é a ideia do nacionalismo. Ela é justificadora e transformadora de toda uma multidão de emoções, o motivo persistente de importantes ações individuais e coletivas. O nacionalismo foi a ideia que deu a Clémenceau sua energia implacável e indomável. "*Ce qui donne du courage, ce sont les idées.*" Ele sabia disso por experiência pessoal.

A ideia do progresso é outra das grandes ideias contemporâneas. Uma vasta quantidade de ambição pessoal, de ganância e de anseio por poder é santificada e ao mesmo tempo tornada eficaz e ativa por essa ideia. É na ideia do progresso, associada muitas vezes com a ideia humanitária de bem-estar e serviço social universais, que o homem de negócios moderno encontra desculpas para suas atividades. Por qual razão ele trabalha tão duro? Por qual razão ele luta tão implacavelmente contra os seus rivais? Para obter poder e ficar rico, responderia o realista cínico. Nada disso, responde o homem de negócios com indignação, estou trabalhando e lutando pelo progresso, pela prosperidade, pela sociedade.

Existem sinais, eu acredito, de que essa crença no progresso e nas ideias do humanitarismo está em declínio. A geração mais nova parece ser menos ansiosa do que a predecessora em justificar o ganhar dinheiro e a corrida pelo poder em termos de tais ideias. Ela afirma com bastante franqueza que trabalha de modo a ter condições de se divertir nos intervalos de lazer. O resultado dessa rejeição (trata-se apenas, é claro, de uma rejeição muito parcial) às ideias inspiradoras de uma geração anterior é que o entusiasmo pelo trabalho decaiu a olhos vistos e que a quantidade de energia empregada nas atividades do ganhar dinheiro e da corrida pelo poder é menor do que já foi. Pois poderá ser estabelecido como regra geral que qualquer declínio na intensidade da crença leva a um declínio na atividade efetiva.

E aqui somos confrontados com duas perguntas adicionais. Estará o ceticismo crescendo? E, se estiver, que sorte de novas ideias inspiradoras e justificadoras os homens serão passíveis de aceitar em lugar das velhas ideias nas quais eles não mais acreditam? Minha impressão é de que devemos responder "sim" à primeira pergunta. Existe, eu creio, um crescimento geral do ceticismo em relação à maioria das ideias até aqui aceitas, em particular na esfera da ética. Existe uma crescente tendência pela confiança nas emoções momentâneas como guias de conduta mais do que nas ideias arraigadas em termos das quais essas emoções foram racionalizadas até aqui. O resultado é um declínio geral em qualidade e quantidade de atividade entre os céticos.

Em suas formas extremas, no entanto, o ceticismo é, para a maioria dos seres humanos, intolerável. Eles precisam acreditar em algo; eles precisam ter ideias justificadoras de alguma espécie. As circunstâncias contemporâneas (sob cujo título devemos incluir acontecimentos políticos recentes, descobertas científicas recentes, especulação filosófica recente) nos forçaram um ceticismo mais ou menos completo em relação à maioria das ideias religiosas, éticas e políticas em termos das quais os nossos pais conseguiam racionalizar seus sentimentos. Porque a maioria dessas ideias postulava a existência de certas entidades transcendentais. Mas é precisamente a respeito dessas entidades transcendentais que as circunstâncias modernas nos compelem ao ceticismo. Nós achamos difícil, no momento, acreditar em qualquer coisa senão realidades transcendentais. (É bastante provável, claro, que essa dificuldade seja temporária e que uma mudança de circunstâncias poderá voltar a impor uma crença nas ideias transcendentais. De momento, no entanto, nós somos céticos diante de todas as coisas exceto as imediatas.) Em nossas vidas diárias as mais importantes realidades imediatas são desejos, emoções e humores em transformação. Algumas pessoas as aceitam como são e vivem com o mínimo necessário. Mas o "realismo" que elas professam é não apenas ligeiramente sórdido e ignóbil; é também estéril. Ele as deixa sem coragem, como diria Clémenceau, sem a motivação e o poder para perseguir um curso de ação ativa. Muitos, portanto, buscam por novas "ideias" justificadoras como estrutura e suporte para suas vidas. Essas ideias, como vimos, não devem ser de modo nenhum transcendentais. A moderna racionalização de sentimentos, desejos e humores é uma racionalização em termos do não transcendental – em termos, isto é, de psicologia conhecida, não de postulados Deuses, Virtudes, Justiças e coisas do tipo. A ênfase moderna é na personalidade. Nós justificamos os nossos sentimentos e humores com um apelo ao "direito à felicidade", ao "direito à autoexpressão". (Esse famoso "direito à autoexpressão", impensável nos tempos em que os homens acreditavam firmemente que tinham deveres frente a Deus, causou enorme prejuízo na esfera da educação.) Em outras palavras, nós alegamos fazer aquilo de que gostamos não porque fazer aquilo de que gostamos esteja em harmonia com algum suposto bem absoluto, mas porque é bom em si. Uma justificativa fraca, e uma justificativa que mal é suficiente para tornar os homens corajosos e ativos. E mesmo assim as circunstâncias modernas são tais que é apenas em termos dessa espécie de "ideia" que nós podemos esperar racionalizar com sucesso nosso comportamento emocional e impulsivo. Meu próprio sentimento é que essas racionalizações transcendentais possam ser aprimoradas. É possível, como disse Blake, enxergar o infinito num grão de areia e a eternidade numa flor. Apenas em termos de tal ideia, parece-me, pode o homem moderno "racionalizar" (embora tal ideia seja misticamente irracional) de forma satisfatória seus sentimentos e impulsos. Se tais racionalizações são boas, num nível pragmático, como as velhas racionalizações em termos de entidades transcendentais, eu não sei. De um modo geral, duvido muito. Mas elas são as melhores, parece-me, que as circunstâncias modernas nos permitem fazer.

APONTAMENTOS SOBRE A LIBERDADE E AS FRONTEIRAS DA TERRA PROMETIDA

"A liberdade medieval", disse Lord Acton*, "difere do moderno nisto: ela depende de propriedade." Mas a diferença é certamente uma diferença apenas em grau, não em espécie. O dinheiro poderá ter menos influência num tribunal moderno do que num tribunal medieval. Mas fora do tribunal? Fora, é verdade, estou legalmente livre para trabalhar ou não trabalhar, como eu bem escolher, porque não sou um servo. Eu estou legalmente livre para viver aqui em vez de lá, porque não estou preso à terra. Eu sou livre, dentro de limites razoáveis, para me divertir como eu bem quiser; arquidiáconos não me multam quando eu me entrego àquilo que eles consideram diversões indecorosas. Estou legalmente livre para casar com qualquer pessoa (com a possível exceção de uma integrante da família real), da minha prima em primeiro grau à filha de um duque; nenhum lorde me obriga a casar com uma garota ou viúva da mansão senhorial, nenhum padre proíbe as proclamas no sétimo grau de consanguinidade. A lista de todas as minhas liberdades legais ocuparia páginas e mais páginas datilografadas. Ninguém, em toda a história, foi tão livre quanto eu sou agora.

Mas vejamos o que acontece se eu tentar fazer uso da minha liberdade legal. Não sendo um servo, eu resolvo

---

* John Emerich Edward Dalberg-Acton (1834-1902): historiador britânico. (N.E.)

parar de trabalhar; resultado, vou começar a passar fome na próxima segunda-feira. Não sendo ligado à terra, eu opto por viver em Grosvenor Square e Taormina; infelizmente, o aluguel da minha casa em Londres equivale a cinco vezes a minha renda anual. Não sendo submetido às perseguições de intrometidos eclesiásticos, eu decido que seria agradável levar uma jovem ao Savoy para desfrutarmos de um jantar; mas não tenho roupas adequadas, e eu gastaria mais no entretenimento da minha noite do que consigo ganhar em uma semana. Não sendo forçado a casar sob as ordens de um patrão, livre para escolher onde eu quiser, eu decido procurar uma noiva em Chatsworth ou Welbeck; mas, quando eu toco a campainha, me mandam seguir até a entrada de serviço e ordenam que eu trate de me mexer.

Todas as minhas liberdades legais acabam sendo, na prática, tão estreitamente dependentes de propriedade como eram as liberdades dos meus antepassados medievais. Os ricos podem comprar vastas quantidades de liberdade; os pobres precisam se virar sem ela, muito embora, por lei e teoricamente, eles tenham tanto direito à mesma quantidade de liberdade quanto têm os ricos.

Um direito é algo que eu tenho às custas de outras pessoas. Inclusive o meu direito de não ser assassinado e não ser feito escravo é algo que eu tenho em detrimento das pessoas mais fortes do que eu, aquelas que poderiam me matar ou me forçar à servidão. Não existe algo semelhante a "direitos naturais"; existem apenas ajustamentos de reivindicações conflitantes. O que eu tenho às suas custas não deveria ser mais do que aquilo que você tem às minhas custas: essa, qualquer que possa ser a prática, é a teoria da Justiça.

Muitos assassinados e escravos, por mais que sejam fracos, são mais fortes, em última instância, do que alguns traficantes e assassinos. De tempos em tempos, os escravos e os assassinados realmente demonstraram tal fato de forma sanguinária. Essas revoltas, embora raras, embora muito surpreendentemente raras (a paciência abjeta dos oprimidos é talvez o mais inexplicável, como é também o mais importante fato em toda a história), foram recorrentes o bastante para assustar os opressores e os levar a fazer concessões consideráveis, não apenas em teoria, mas até mesmo na prática.

Nos aspectos legais e teóricos, somos todos livres agora; mas o direito de fazer uso de tais liberdades deverá continuar, sob a presente ordem das coisas, a depender da propriedade e das habilidades pessoais que permitem a um homem adquirir propriedade com facilidade. Algumas pessoas, como vagabundos e certos artistas, desfrutam, é verdade, de uma boa dose de liberdade sem que paguem por isso; mas isso ocorre somente porque, ao contrário da maioria dos seres humanos, eles não estão interessados em estabelecer uma reivindicação às coisas que podem ser pagas com dinheiro.

No estado igualitário do futuro, todas as acumulações excessivas de propriedade serão abolidas. Mas isso implica, aparentemente, a abolição de todas as apreciações excessivas da liberdade. Quando todo mundo ganha trezentos por ano, ninguém será menos, mas também ninguém presumivelmente será mais livre do que o secretário particular contemporâneo. "Mas no estado do futuro", dizem os profetas, "trezentos por ano vai comprar o equivalente a 5 mil libras de liberdade." E quando nós perguntamos "como, por meio de qual milagre?", eles invocam não o deus da máquina, mas a máquina em si.

Todo direito, como já vimos, é algo que temos às custas de outras pessoas. A máquina é a única "outra pessoa" às custas de quem podemos ter as coisas mantendo uma boa consciência, e também a única "outra pessoa" que se torna cada vez mais e mais eficiente.

Servido por empregados domésticos mecânicos, explorando o trabalho incessante de escravos metálicos, o homem de trezentos-por-ano do estado futuro irá desfrutar de um lazer quase infindável. Um sistema de transporte frequente, rápido e barato irá lhe permitir que se movimente no mundo com maior liberdade do que o *rentier* migrante da época atual. Tampouco precisa ele renunciar (exceto privadamente) ao privilégio dos ricos de viver luxuosamente. A produção em massa já tornou possível para os relativamente pobres que desfrutem de entretenimentos elaborados em ambientes de um esplendor mais do que régio. Os teatros nos quais os igualitários irão desfrutar dos filmes com som, gosto, cheiro e sensação, os Corner Houses* onde eles irão comer seus ovos escalfados sintéticos sobre substitutos de torrada e beber os seus sucedâneos de café serão prodigiosamente muito mais vastos e mais esplêndidos do que qualquer coisa que conhecemos hoje. Comparado com eles, o ambiente do banquete de Belsazar**, no célebre quadro de Martin, irá parecer a mais esquálida das espeluncas de costeleta, e os palácios de Bibbiena***, os imaginários templos romanos de Piranesi****, meras casinholas, gaiolas ou pocilgas.

Urbs Sion unica, mansio mystica, condita coelo [ou melhor, mundo],

---

* Rede local de estabelecimentos (operantes até 1977) de vários andares, com delicatessens, restaurantes e vários outros serviços. (N.E.)

** O último rei da Babilônia (século VI a.C.), retratado no quadro *O banquete de Belsazar*, do pintor inglês John Martin (1789-1854). (N.E.)

*** Bibbiena: família de artistas e arquitetos italianos dos séculos XVII e XVIII. (N.E.)

**** Giovanni Battista Piranesi (1720-1778): gravurista e arquiteto italiano que estudou as ruínas romanas e as retratou em desenhos e pinturas. (N.E.)

Nunc tibi gaudeo, nunc tibi lugeo, tristor, anhelo...
Opprimit omne cor ille tuus decor, o Sion, o pax.
Urbs sine tempore, nulla potest fore laus tibi mendax.
O nova mansio, te pia concio, gens pia munit,
*Provehit, excitat, auget, identitat, efficit, unit.**

Bem, só nos resta esperar que essa *mansio mystica* prove ser tão alegre quanto seus profetas dizem que ela parece. Só nos resta esperar, em particular, que os seus habitantes possam desfrutar de suas liberdades igualitárias universais tanto quanto nós desfrutamos das pequenas liberdades que a presente ordem das coisas nos permite comprar de maneira injusta ou nos pune por roubarmos de maneira criminosa.

As minhas próprias esperanças são temperadas, eu devo confessar, por algumas dúvidas. Porque existe uma divindade, a meu ver, que deforma tanto aquela que forma os nossos fins. Adequadamente o bastante (pois, como cães maus, deuses maus merecem nomes ruins), essa divindade maligna é chamada de Lei dos Retornos Decrescentes. Foram os economistas que lhe deram esse nome e primeiro reconheceram e claramente descreveram suas atividades hostis. Mas seria um erro supor que tal demônio se limita somente à esfera econômica. A lei dos retornos decrescentes é válida em quase todas as partes do nosso universo humano.

Aqui, por exemplo, temos um homem muito melancólico que começa a beber borgonha com o seu jantar. Sua melancolia logo se dissipa e é substituída por jovialidade, que aumenta de forma constante com cada gota de borgonha consumida, até que, com três quartos

* Sião, cidade única, morada mística fundada no céu,/ Ora por ti me regozijo, ora por ti lamento, entristeço-me, arquejo.../ Tua graça oprime todos os corações, ó Sião, ó paz./ Cidade atemporal, nenhum louvor poderá te desmentir./ Ó nova morada, a pia congregação te erige,/ Eleva, inspira, aumenta, assimila, efetua, une. (N.T.)

do conteúdo esvaziado na sua primeira garrafa, um máximo é atingido. Ele continua bebendo; mas a meia garrafa seguinte não produz nenhuma alteração perceptível na sua condição; ele permanece onde estava – no ápice de seu espírito elevado. Alguns copos mais, no entanto, e a sua jovialidade começa mais uma vez a declinar. Ele se torna primeiro irascível, depois lacrimoso, e afinal se sente muito horrivelmente mal e, portanto, infeliz. O homem está pior no final de sua segunda garrafa do que estava com um estômago vazio.

Da mesma forma, além de um certo ponto, o retorno em felicidade advindo de uma prosperidade crescente diminui num ritmo constante. Trata-se de um lugar-comum antigo. É apenas por causa da nossa crença persistente na heresia de perfectibilidade do século XVIII que ainda somos relutantes em admitir os fatos dificilmente menos óbvios sobre a educação. Porque a educação é tão sujeita à lei deformadora de fins quanto o vinho, ou a prosperidade, ou o adubo artificial. Um aumento na quantidade ou na intensidade de treinamento proporciona retorno sob a forma de um aumento na eficiência mental e na excelência moral; mas depois de um certo máximo (que varia para cada indivíduo) ter sido ultrapassado esses retornos continuamente diminuem e podem até mesmo assumir um valor negativo. Assim, as crianças oblatas nos mosteiros medievais eram submetidas a um longo e espartano treinamento de virtude. "As crianças devem ter sempre o castigo com a custódia e a custódia com castigo", diz o autor das constituições de Cluny*; e durante um século ou dois os oblatos obtiveram essas coisas – em doses violentas. Mas o sistema desmoronou; porque, como um abade consciencioso se queixou para

* Referência à abadia de Cluny, na Borgonha, França, que influenciou a cristandade por sua adesão rígida à Regra de São Bento, por sua vez um conjunto de preceitos para regular a vida monástica. (N.E.)

Santo Anselmo, “nós não paramos de castigar os nossos meninos de dia e de noite, todavia eles ficam diariamente piores”. Os retornos da educação diminuíram a ponto de se tornarem negativos.

Algo muito parecido acontece na esfera da política. A democratização das instituições políticas proporciona retornos sob a forma de crescente justiça e crescente eficiência social. Um pico é alcançado e, se o processo vai um pouco mais longe, os retornos começam a diminuir. Na Itália, por exemplo, logo após a introdução da representação proporcional, os valores dos retornos foram rapidamente deixando de ser positivos. Por isso, entre outras razões, a ascensão do fascismo.

O que tem a divindade deformadora de fins para dizer sobre a liberdade? Vamos considerar alguns casos particulares e tentar adivinhar de que maneira o deus irá se pronunciar sobre cada um.

“O maquinismo aperfeiçoado”, dizem os profetas, “nos dará uma liberdade crescente em relação ao trabalho, e uma liberdade crescente em relação ao trabalho nos dará uma felicidade crescente.” Mas o lazer também está sujeito à lei dos retornos decrescentes. Além de um certo ponto, mais liberdade em relação ao trabalho produz um retorno decrescido em felicidade. Entre os homens completamente desocupados, os retornos de felicidade são muitas vezes, na verdade, negativos, e um agudo aborrecimento é enfrentado. Tão logo, além disso, ficam libertados da servidão do trabalho, muitos indivíduos desocupados voluntariamente abandonam-se a uma servidão de diversões e deveres sociais, mais despropositada do que o trabalho e muitas vezes árdua na mesma medida. Por acaso a maioria desocupada do mundo igualitário será diferente, em caráter, dos poucos desocupados de hoje? Somente os eugenistas têm qualquer razão para supor que sim.

Considere um outro ponto várias vezes repisado pelos profetas da Utopia. "A viagem", eles dizem (e com razão), "é uma educação liberal. A liberdade de viajar tem sido um privilégio reservado aos ricos. O lazer, com transporte barato e rápido, tornará esse privilégio acessível a todos. Desse modo, todos receberão a educação liberal que somente alguns tiveram, no passado, a liberdade de desfrutar." Mais uma vez, contudo, intervém a divindade deformadora de fins. A viagem é educativa porque coloca o viajante em contato com pessoas de culturas diferentes, com pessoas vivendo em condições alienígenas. Mas, quanto mais viagens houver, tanto mais a cultura e o modo de vida tenderão a ser padronizados em todos os lugares, e, portanto, menos educativas se tornarão as viagens. Ainda existe algum propósito em viajar de Burslem a Udaipur. Mas quando todos os habitantes de Burslem tiverem viajado com suficiente frequência para Udaipur e todos os habitantes de Udaipur tiverem viajado com suficiente frequência para Burslem, então não haverá nenhum propósito em fazer tal jornada. Sem levar em conta algumas insignificantes idiossincrasias geológicas e climáticas, as duas cidades terão se tornado essencialmente indistinguíveis.

"A natureza eleva; o sublime e o belo são forças de moralização e espiritualização. Na Utopia todos os homens terão os meios, financeiros e mecânicos, para se familiarizarem com as belezas e as sublimidades da natureza." No entanto, como eu já observei em outro momento, apenas os povos que não gostam do campo possuem qualquer campo para não gostar. As nações que adoram o campo destroem o que elas adoram. Repare os 5 mil quilômetros quadrados dos subúrbios de Londres. Pontos-de-beleza acessíveis a populações inteiras deixam de ser pontos-de-beleza e se tornam Blackpools. A liberdade depende da propriedade; quando poucos tinham propriedade, apenas alguns poucos eram livres para sair e buscar inspiração ou consolo entre as "Belezas da Natureza". No estado igualitário, todos terão propriedade ou o seu equivalente comunista. Todos, portanto, serão livres para sair e buscar inspiração ou consolo no campo. Mas, quanto maior for o número que se aproveitar dessa liberdade, tanto menor será o valor dessa liberdade. E isso parece ser verdade não só sobre as viagens e os prazeres da vida no campo, mas sobre praticamente todos os privilégios e todas as liberdades até aqui reservados a poucos. Pudemos ver que, depois de um certo ponto, qualquer aumento na quantidade da liberdade ocasiona um retorno decrescente de felicidade; o mesmo ocorre, ao que parece, com qualquer aumento naquilo que pode ser chamado de área de incidência da liberdade.

Uma conclusão se impõe. O progresso generalizado contínuo (seguindo as linhas atuais) só é possível mediante duas condições: de que as qualidades hereditárias da população em progresso sejam melhoradas (ou de qualquer maneira desviadas numa direção específica) por reprodução deliberada, e de que o tamanho da população seja reduzido.

Aumento de prosperidade material, aumento do lazer, aumento da liberdade e aumento de instalações educacionais são coisas perfeitamente inúteis para indivíduos aos quais cada aumento desses, depois de um máximo atingido com grande rapidez, proporciona retornos decrescentes de felicidade, virtude e eficiência intelectual. Somente elevando o ponto crítico no qual o aumento dos bens começa a proporcionar retornos psicológicos decrescentes nós poderemos fazer do progresso contínuo uma realidade para o indivíduo e, através do indivíduo, para a sociedade em geral. Como poderemos elevar esse ponto crítico? Com reprodução e seleção deliberadas. De qualquer forma, nenhum outro método nos oferece a menor perspectiva de sucesso.

Basta quanto à primeira condição do progresso contínuo; agora passemos à segunda. Certas experiências, estamos de acordo, são valiosas. Elas são apreciadas no presente momento por alguns poucos seres humanos privilegiados; seria um progresso na esfera da justiça social se elas pudessem ser apreciadas por todos. Porém, como vimos, estender privilégios geralmente significa destruir seu valor. Experiências que eram preciosas quando desfrutadas por poucos deixarão automaticamente de ser preciosas quando forem desfrutadas por muitos. Um certo número dessas experiências preciosas poderia ser tornado acessível a todos os membros de uma população, desde que a população fosse suficientemente pequena. (Por exemplo: onde as populações são pequenas os pontos de beleza não precisam se transformar em Blackpools.) Nesses casos o progresso só poderá se tornar uma realidade para o indivíduo sob a condição de que a comunidade em progresso da qual ele é membro seja absolutamente pequena. Onde a comunidade for grande, seus números deverão ser reduzidos.

Há outros casos, entretanto, em que as experiências preciosas nunca poderiam ser tornadas acessíveis a populações inteiras, por mais que fossem absolutamente pequenas. Porque nesses casos será constatado que a preciosidade da experiência consiste precisamente no fato de que ela só pode ser desfrutada por uma minoria. Para proporcionar tais experiências será necessário, em qualquer estado igualitário do futuro, criar um número de clubes mutuamente exclusivos, ou melhor, sociedades secretas, seitas religiosas, até mesmo conciliábulos de bruxas. Somente por esses meios poderão os membros de uma sociedade igualitária ser libertados da experiência infinitamente preciosa de pertencer a uma minoria superior.

SOBRE OS CHARMES DA HISTÓRIA E O FUTURO DO PASSADO

Existem best-sellers entre os livros de história, e arqueologia de fato é notícia. Do ponto de vista de um editor, a descoberta de mais um dos escondidos centros de mesa *art nouveau* de Tutancâmon é um acontecimento no mínimo tão importante quanto um voo atlântico. Hoje nós somos todos interessados por história.

Mas "história", o sr. Henry Ford nos garante, "é besteira".

Portanto, se o sr. Ford estiver certo, nós somos todos interessados por besteira. Ele está certo? Até certo ponto, eu penso, ele está. Pois a maior parte do que passa por história na verdade é perfeitamente insignificante e trivial. Por que motivo, então, somos nós interessados pelo assunto? Porque gostamos de insignificâncias e trivialidades – nós as preferimos (poço sem fundo de frivolidade que nós somos) às coisas significativas que exigem ser levadas com seriedade, ser julgadas e tratadas com reflexão. Além disso, insignificâncias históricas e trivialidades, afora serem intrinsecamente deliciosas (um livro de história é muitas vezes mais envolvente do que um romance), são também Cultura. Nós estamos portanto moralmente justificados quando nos divertimos com elas, assim como não estamos moralmente justificados quando nos divertimos com romances. Porque romances, a não ser que calhem ser de escritores mortos, não são Cultura.

A Cultura, como Emmanuel Berl* assinalou num dos seus panfletos genialmente envolventes, é como

* Emmanuel Berl (1892-1976): jornalista, historiador e escritor francês. (N.E.)

a soma de conhecimento especial que se acumula em qualquer grande família unida e é propriedade comum de todos os seus membros. "Vocês se lembram da corneta acústica da tia Agatha? E como Willie fazia o papagaio ficar bêbado com pão embebido em vinho? E aquele piquenique no Loch Etive, quando virou o barco e o tio Bob quase se afogou? Vocês se lembram?" E todos lembramos; e nós rimos com deleite; e o desafortunado estranho que por acaso está nos visitando se sente excluído ao máximo. Bem, isso (em seu aspecto social) é Cultura. Quando nós, membros da grande Família da Cultura, nos encontramos, nós trocamos reminiscências sobre o vô Homero, e aquele horrível dr. Johnson, e a tia Safo, e o pobre Johnny Keats. "E vocês se lembram daquela coisa totalmente impagável que o tio Virgílio disse? Vocês sabem. *Timeo Danaos**... Impagável; nunca vou esquecer." Não, nunca esqueceremos; mais do que isso, haveremos de tomar o máximo cuidado para que aquelas pessoas horrendas que cometeram a impertinência de nos visitar, aqueles intrusos miseráveis que jamais conheceram o querido e jovial tio V., jamais esqueçam também. Nós os faremos ter em mente o tempo inteiro sua condição de intrusos. Tão prazeroso para os membros da Família da Cultura é esse ensaio de fofoca tribal, tamanha incandescência de satisfeita superioridade ele lhes dá, que o *Times* julga proveitoso empregar alguém para não fazer nada senão conversar conosco toda manhã sobre os nossos queridos e velhos tios e tias da Cultura e seus encantadores amigos. Aqueles artigos são de fato extraordinários. "Como findam os dias!", exclamava com pesar o Cisne

* *Timeo Danaos et dona ferentes*: trecho da *Eneida* cuja tradução é "temo os gregos mesmo quando trazem presentes", em referência ao cavalo de madeira que possibilitou a tomada de Troia. (N.E.)

de Lichfield. A folha ressequida e amarela, os *sanglots longs des violons de l'automne** enchem alguns corações com uma certa "tristeza doce" e cobrem alguns olhos com as *lacrimae rerum***. Mas há outros – *quot homines, tot disputandum est**** – que consideram a "estação das brumas e das abundantes frutas maduras" não apenas animadora, mas de fato, ao contrário da xícara vespertina do pobre Cowber, inebriante. Pois "dê outubro para os meninos!", como costumávamos cantar nos bons e velhos tempos dos nossos dias de ancinho. Tristes recordações! *Nessun maggior dolore che ricordarsi del tempo felice nella miseria.***** Estes lindos versos de Lactâncio afloram espontaneamente nos lábios:

> *A ab absque, coram, de;*
> *Palam clam, cum ex et e;*
> *Sine tenus, pro et prae...******

Eu confesso, adoro ler esse tipo de coisa quando é bem elaborado. Obtenho verdadeiro prazer quando reconheço um gracejo de algum Tio da Cultura, e fico tomado de vergonha quando leio palavras ou façanhas avunculares com as quais eu deveria ter familiaridade, mas indesculpavelmente não tenho. Gosto muito, inclusive, de escrever eu mesmo essa espécie de fofoca familiar.

---

* "Soluços longos dos violinos outonais"; trecho de "Chanson d'automne", um dos mais conhecidos poemas do francês Paul Verlaine (1844-1896). (N.E.)

** "As lágrimas das coisas". Outra citação da *Eneida*, de Virgílio. (N.E.)

*** "Tantos são os debates quanto são os homens". Provérbio latino. (N.E.)

**** Não há dor maior do que recordar um tempo feliz na miséria. (N.T.)

***** Por, de, sem, ante, sobre;/ Abertamente, secretamente, com, desde e de;/ Sem, até, para e perante... (N.T.)

Todas as mais pitorescas figuras da história são nossos Tios da Cultura e Tias da Cultura. Se você consegue falar com conhecimento de causa sobre as afirmações e os atos deles, é um sinal de que você "faz parte", de que você é uma pessoa da família. Ao passo que se você não sabe, por exemplo, que "a irmã de Sidney, mãe de Pembroke" gostava de observar o acasalamento de suas éguas e seus garanhões, se você não sabe que Harrington tinha convicção de que sua transpiração engendrava moscas e de fato inventou um crucial experimento para prová-lo – bem, então fica óbvio que você é um pouco intruso.

Passar o tempo e nos abastecer com Tios da Cultura e Tias da Cultura – essas, para a maioria dos leitores, são as duas funções principais da história escrita. O sr. Ford a chama de besteira – não admira. Só poderemos ficar surpresos com sua moderação. Trabalhando com propósito inabalável *ad majorem Industriae gloriam** (como poderia ter tido o nosso Tio da Cultura Loyola), esse asceta missionário e santo da nova ordem das coisas não poderia deixar de detestar história. Porque a leitura de história distrai, é um passatempo – graças à Cultura, um passatempo reconhecido e legítimo; mas o tempo é um sacrifício reservado exclusivamente ao Deus da Indústria. Além do mais, a história fornece às pessoas padrões de esnobismo cultural; mas o único tipo de esnobismo permitido ao adorador da nova divindade é o esnobismo das posses. O Deus da Indústria abastece seus adoradores com objetos e só pode existir sob a condição de que os seus presentes sejam aceitos com gratidão. Aos olhos de um industriólatra o primeiro dever de um homem é colecionar tantos objetos quanto puder. O orgulho familiar pela posse de Tios da Cultura, como em geral todos os esnobismos culturais, interfere

* Para maior glória da Indústria. (N.T.)

no orgulho pelos objetos, ou no esnobismo de posse. O esnobismo cultural é um insulto e até mesmo uma ameaça ao Deus da Indústria.

O santo da nova ordem não tem nenhuma escolha exceto detestar história. E não apenas história. Se tiver alguma lógica, ele deverá detestar literatura, filosofia, ciência pura, as artes – todas as atividades mentais que distraem a humanidade de um interesse aquisitivo por objetos.

"Besteira" foi o termo de abuso escolhido pelo sr. Ford para depreciar a história. Besteira: pois como pode até mesmo a história séria e filosófica ser esclarecedora? A história é o relato sobre pessoas que viveram antes da invenção de coisas como máquinas operatrizes e bancos de sociedade anônima. Como pode a história nos dizer qualquer coisa significativa, nas nossas vidas onde as máquinas operatrizes e os bancos de sociedade anônima desempenham, direta ou indiretamente, um papel tão gigantesco? Não, não. História é besteira.

Existem argumentos, bons argumentos, eu penso, contra o pressuposto besteirol da história. Mas eu não posso entrar nesses detalhes aqui. Aqui eu estou preocupado simplesmente com o fato de que, com ou sem besteira, todos nós consideramos história interessante. Interessante porque ela faz passar o tempo de uma maneira deliciosa, justifica o passatempo por ser Cultura, e, afinal, porque lida precisamente com os homens anteriores à máquina operatriz cujas ações decerto parecem, aos olhos de qualquer industriólatra convicto, ridículas, irrelevantes e despropositadas. Nós lemos sobre o passado porque o passado difere do presente de um modo revigorante. Uma bela quantidade de história é escrita, seja de forma deliberada ou inconsciente, na gratificação de um desejo.

O passado e o futuro são funções do presente. Cada geração tem sua história privada, cada uma tem sua peculiar qualidade de profecia. O que ela irá pensar sobre o passado e o futuro é determinado por seus próprios problemas imediatos. Ela recorre ao passado em busca de instrução, solidariedade, justificação, lisonja. Ela olha para o futuro como compensação ao presente – para o passado também. Porque até o passado pode se tornar uma Utopia compensatória, indistinguível dos paraísos terrenos do futuro, exceto pelo fato de que os heróis têm nomes históricos e tiveram suas vidas esplendorosas entre datas conhecidas. Era após era o passado é recriado. Um novo conjunto de Romances de Waverley* é baseado numa nova seleção dos fatos. Os Romances de Waverley de uma era são sobre os romanos, de outra são sobre os gregos e de uma terceira são sobre os cruzados ou os chineses antigos.

O futuro é tão variado quanto o passado. O mundo vindouro é habitado num momento por políticos, em outro por artesãos e artistas; ora por utilitaristas perfeitamente racionais, ora por super-homens, ora por sub-homens proletários. Cada geração paga seu preço e faz sua escolha.

Em qualquer lugar, em qualquer lugar fora do mundo. Nós escapamos, para frente ou para trás, com uma máquina do tempo. (Algumas pessoas, é verdade, ainda preferem as antiquadas máquinas da eternidade nas quais Dante e Milton fizeram seus voos transcósmicos e quebraram todos os recordes; mas elas são relativamente poucas. Para a maioria dos modernos, a máquina do tempo parece ser inquestionavelmente mais eficaz.) Será que sempre faremos o mesmo tipo de escapada nas nossas máquinas do tempo? Em outras palavras, qual será o mais provável futuro do passado? E o futuro do futuro? Só um estudo do passado e presente

* Assim são chamados, na Grã-Bretanha, o ciclo de romances históricos de Walter Scott (1771-1832). (N.E.)

do passado e do futuro nos permitirá deduzir com algum grau de plausibilidade.

Durante quinhentos ou seiscentos anos antes de 1800 o passado era quase exclusivamente Roma, Grécia (conhecida indiretamente através de Roma e depois por contato direto) e Palestina.

O passado hebraico permaneceu, no decorrer desse longo período, relativamente estável. Associado como era com os livros sagrados e a religião estabelecida, como poderia mudar?

O passado greco-romano era menos estável. No final da Idade Média os gregos e romanos eram, acima de tudo, homens de ciência. Com o Renascimento surgiu a passional e exclusiva admiração por arte e literatura clássicas que persistiu até uma boa parte do século XIX. Por mais de trezentos anos, os gregos e romanos foram os únicos escultores e arquitetos, os únicos poetas, dramaturgos, filósofos e historiadores.

Durante o mesmo período os romanos foram os únicos estadistas.

Para os céticos do século XVIII, Grécia e Roma eram impérios da Razão, gloriosamente diversos do mundo vigente, onde o preconceito e a superstição davam a última palavra do modo mais inegável. Eles usavam exemplos clássicos como bastões com os quais bater nos padres e nos reis, como alavancas com as quais reverter a corrente moralidade. E eles não se limitavam exclusivamente a Grécia e Roma. Foi nessa época que a China foi tomada pela primeira vez como exemplo de doce razoabilidade para envergonhar a obscurantista insanidade do Ocidente. Batendo no Ocidente com um bastão do Extremo Oriente, escritores contemporâneos como Lowes Dickinson e Bertrand Russell apenas reavivaram uma tradição literária muitíssimo respeitável. As

Utopias primitivas e pré-históricas de D.H. Lawrence e Elliot Smith têm um pedigree não menos excepcional. Os nossos antepassados sabiam tudo sobre o Estado Natural e o Bom Selvagem.

Os últimos anos do século XVIII e os primeiros do século XIX foram um período de rápida e violenta transformação. O passado se transformou com o presente; Grécia e Roma assumiram uma sucessão de novos significados. Para os homens da Revolução Francesa elas eram importantes na medida em que conotavam republicanismo e tiranicídio. Para Napoleão, a Grécia era Alexandre, e Roma, Augusto e Justiniano. Na Alemanha, enquanto isso, as atenções eram concentradas sobretudo na Grécia. A Grécia, para os contemporâneos de Schiller e Goethe, era um mundo de arte, acima de tudo um mundo onde os homens viviam uma rica vida individual. É difícil, como Rousseau assinalou, ser ao mesmo tempo cidadão e homem. Aquele que quisesse se tornar um bom cidadão numa sociedade moderna precisaria sacrificar alguns de seus mais preciosos e fundamentais impulsos humanos. Onde há especialização demais, uma divisão do trabalho organizada demais, um homem é facilmente degradado ao nível de uma mera função incorporada. Foi esta constatação o que mandou Schiller e Goethe de volta aos gregos. Entre os gregos eles imaginavam poder descobrir o homem individual desenvolvido de modo pleno e harmônico.

A queda de Napoleão foi seguida por reação política e religiosa. De maneira inevitável, a Idade Média tratou de aparecer na cena mental. Durante a primeira metade do século, a Idade Média correspondeu aos desejos de três categorias distintas de pessoas – a dos românticos temperamentais, que consideravam o novo industrialismo uma coisa ordinária e anelavam por paixões e pelo pitoresco; a dos missionários cristãos, que anelavam pela fé universal; a dos aristocratas, que anelavam por privilégios políticos e econômicos.

Mais tarde, quando o industrialismo e a política do *laissez-faire* tiveram tempo de produzir seus mais pavorosos resultados, a Idade Média começou a conotar algo bem diferente. O mundo dos desejos gratificados ao qual William Morris* e seus amigos retornavam era pitoresco, de fato, mas não era particularmente católico ou feudal; era um mundo, acima de tudo, de sólida organização econômica, um mundo pré-mecânico, povoado por artesãos-artistas que não eram muito especializados.

De todos os vários passados, o medieval é ainda um dos mais vívidos. Ele inspirou diversas ideias político-econômicas contemporâneas, das quais uma, a versão fascista do Socialismo de Guilda, foi efetivamente convertida em política prática e aplicada. Tal ideia é contemplada em retrospecto pelos inimigos do capitalismo, como Tawney, pelos inimigos da democracia, como Maurras, pelos inimigos do estado industrial inchado, como Belloc e Chesterton, por todos os inimigos artísticos da produção em massa, por católicos, socialistas, monarquistas, com o mesmo anseio. Apenas num presente confuso e complicado uma parte do passado poderia significar ao mesmo tempo tantas coisas diferentes.

Mas o medieval não é de maneira nenhuma o único passado em relação ao qual sentimos interesse para gratificar os nossos desejos. Assim, um passado indiano fabulosamente espiritual foi inventado pelos teósofos para compensar num plano idealista o presente ocidental bem pouco espiritual. Mais uma vez, a Grécia

* Pintor britânico do século XIX, fundador do movimento estético Arts and Crafts, que se opunha à mecanização e produção em massa. (N.E.)

é a Utopia retrospectiva daqueles que, como Schiller, acham que a cidadania de um estado moderno é desumanizadora. (A Utopia Grega tem sido pré-platônica desde a denúncia de Nietzsche contra Platão. A Grécia platônica e pós-platônica é moderna demais para ser um mundo realmente satisfatório de gratificação aos desejos. A era helenística foi, sob vários aspectos, e de modo um tanto horripilante, parecida com a nossa.) As descobertas arqueológicas dos últimos vinte anos abriram um muito glorioso panorama retrospectivo de novas Utopias. Creta e Micenas e Etrúria, Ur e o Vale do Indu se tornaram o que eu posso chamar de Estâncias Históricas Populares – Retiros de Férias para Homens de Negócios Cansados. Quase nenhum armamento foi encontrado em Harappa*. Só por essa isolada razão o nosso mundo ferido de guerra já tem de amar e estimar tal passado.

E por fim nós temos os selvagens – nem mesmo bons agora; nós quase os preferimos ruins. Fisicamente nossos contemporâneos, mas mentalmente pertencendo a uma cultura bem mais antiga, bem menos avançada do que a de Ur ou Harappa, os poucos povos primitivos remanescentes da Terra alcançaram uma popularidade prodigiosa entre aqueles que têm desejos para gratificar – uma popularidade em relação à qual o sr. Wyndham Lewis**, em seu *Cara-pálida*, provavelmente faz bem em sentir raiva.

Basta com respeito ao passado do passado e ao presente do passado; e quanto ao futuro do passado? Parece bastante óbvio que os principais problemas da

---

* Uma das cidades, hoje sítio arqueológico, da civilização do Vale do Indo, na Ásia meridional. (N.E.)

** Wyndham Lewis (1882-1957): pintor e escritor inglês nascido no Canadá e, a partir da década de 30, defensor de posições políticas autoritárias. (N.E.)

nossa geração continuarão a ser os principais problemas das duas ou três gerações que nos sucederem. As nossas dificuldades industriais, políticas e sociais não estão nem perto de uma solução, e é improvável, pela natureza das coisas, que sejam solucionadas num curto espaço de tempo. O futuro imediato do passado, portanto, terá enormes chances de se assemelhar a seu presente. Nos inúmeros edifícios da Idade Média os reformadores políticos e sociais continuarão, sem dúvida, cada um deles a descobrir sua própria pequena e aconchegante Utopia, feudal, socialista ou católica. A cada aumento na irreligião proletária a espiritualidade do Oriente antigo será intensificada. Uma Índia de pessoas centradas no próprio umbigo e que só enxergam o próprio nariz tem grande probabilidade de se tornar tão popular quanto, entre os ruídos e as agitações imbecis das cidades futuras, uma antiga China cheia de lindamente ociosos mandarins e confucionistas racionais.

Se a sociedade continuar a se desenvolver em seus presentes trilhos, a especialização tem tudo para aumentar. Os homens vão ser valorizados mais e mais, não como indivíduos, mas como funções sociais personificadas. O resultado disso será um intensificado interesse pelos gregos e por outros personagens sobre os quais se possa imaginar que levaram uma vida plena e harmoniosa como indivíduos, não como engrenagens de uma máquina industrial. Mas gregos e até mesmo cretenses e harappeanos não serão suficientes nessa era vindoura de especialização intensiva e mais e mais rotina sem sentido. Será provável, a despeito do sr. Lewis, uma crescente admiração dos primitivos. (À medida que os verdadeiros primitivos desaparecerem sob a influência da bebida e da sífilis, por um lado, e da educação, por outro, essa admiração por eles tenderá a aumentar; os mais satisfatórios ideais são aqueles que não têm nenhuma encarnação efetiva para incomodar a imaginação.) A cada avanço da civilização industrial o passado selvagem será mais e mais apreciado, e o culto ao *Deus Negro* de D.H. Lawrence, podemos esperar, se espalhará por um círculo cada vez mais amplo de adoradores.

Ao fazer essa profecia, deliberadamente eu deixei de considerar os possíveis efeitos futuros nos leitores e escritores de futuros livros sobre história do eventual progresso na própria ciência da história. O nosso conhecimento sobre o passado tende a crescer de maneira contínua. Alguns desses acréscimos de conhecimento confirmam as nossas concepções tradicionais a respeito do passado; outras, pelo contrário, nos impõem novas formas de pensar. De tempos em tempos o estudioso e o utopista retrospectivo entram em conflito. Aqueles que gostam de espetáculos gladiatórios lembrarão com prazer a recente luta entre o sr. G.K. Chesterton e o sr. Coulton* no tema do puritanismo medieval. Sendo um bom católico e um crente romântico na existência efetiva de uma Inglaterra Feliz medieval, até mesmo de uma Europa Feliz, para sempre arruinada por um bando de revoltantes calvinistas e independentes, o sr. Chesterton ficou naturalmente perturbado quando o sr. Coulton começou a empilhar evidências para provar o intenso puritanismo do Cristianismo Católico oficial durante a Idade Média. Armado com sua eloquência costumeira e uma declaração cautelosa de São Tomás no sentido de que nem todos os dançarinos são necessariamente amaldiçoados, ele prorrompeu na arena. O sr. Coulton, que teve o mau gosto de ler todos os documentos, rechaçou o ataque com outra chuva de citações puritanas. O espectador imparcial foi forçado a concluir

* G.K. Chesterton (1874-1936): escritor e teólogo britânico; G.G. Coulton (1858-1947): teólogo britânico. (N.E.)

que, se a Inglaterra jamais foi feliz, não foi por causa do catolicismo oficial, mas apesar da constante denúncia da Igreja contra o alegramento. A particular qualidade de utopismo retrospectivo do sr. Chesterton é doravante insustentável. Ingleses felizes e conscienciosos terão de colocar o sr. Coulton no índex. Diversas outras visões confortadoras sobre o passado por certo desaparecerão, à medida que o conhecimento se espalhar. Minha própria impressão é de que o paraíso terreno será empurrado mais e mais para trás, num ritmo constante, rumo às desconhecidas e incognoscíveis eras da Pré-História. O conhecimento acabará sendo um conhecimento quase sempre de fatos desagradáveis com tanta regularidade que os utopistas serão compelidos em mera autodefesa a buscar refúgio seja numa deliberada ignorância dos fatos conhecidos, seja na confortável escuridão além das fímbrias da história registrada.

A profecia depende do presente com mais força do que a história. Um homem vivendo na era da gasolina pode reconstruir para si com bastante facilidade a vida de um homem vivendo na era do cavalo. Mas de um homem da era do cavalo não se poderia esperar que antevisse o modo de vida do homem-gasolina. Seria fácil mas um tanto desinteressante catalogar os erros de profetas do passado. As únicas partes significativas de seus prognósticos, as únicas partes que podemos comparar de forma útil com as profecias contemporâneas, são as previsões de organização política e social. Coches podem dar lugar a aviões, mas o homem continua sendo em grande medida o que ele era – um animal sobretudo gregário dotado de um certo número de instintos antissociais. Quaisquer que sejam as ferramentas usadas por ele, por mais devagar ou rápido que possa viajar, ele deve ser sempre governado e regimentado.

Não disponho do tempo e do saber para descrever por inteiro o passado histórico do futuro. Será suficiente para o meu propósito neste ensaio fornecer uma descrição sumária do tipo de futuro considerado possível e desejável pelos homens do século XVIII e início do século XIX, e compará-lo com os futuros considerados possíveis e desejáveis hoje. (Para viajantes em máquinas do tempo, futuros desejáveis ficam limitados à categoria das possibilidades. Viajantes em máquinas da eternidade ficam livres, é claro, para escolher a impossibilidade desejada.)

Para os nossos antepassados, assim como é para nós, o futuro era compensador. Eles evocavam novos mundos para restabelecer o equilíbrio do velho. Eles corrigiam males presentes profeticamente. As Utopias futuras de Helvétius, Lemercier e Babeuf, de Godwin e Shelley têm uma certa semelhança entre si. A democracia naqueles tempos não era a velha vadia, enlameada e um tanto prostituída que é hoje; era jovem e atraente. Suas palavras eram persuasivas. Quando ela falava sobre a igualdade inata e a potencial perfeição dos seres humanos, os homens acreditavam. Para Shelley e os seus mestres filosóficos, o vício e a estupidez eram frutos da ignorância e do governo despótico. Livre-se de padres e reis, torne Ésquilo e o cálculo diferencial acessíveis a todos, e o mundo se transformará num paraíso e todo ser humano será um santo e um gênio, ou no mínimo um filósofo estoico.

Nós já tivemos a experiência do funcionamento da democracia, já vimos os frutos da educação universal e começamos a duvidar das premissas das quais nossos antepassados partiram em seu argumento profético. A psicologia e a genética produziram resultados que confirmam as dúvidas inspiradas pela experiência prática. A natureza, nós constatamos, faz bem mais e nutre bem menos para fazer de nós o que somos em comparação com aquilo que os primeiros humanitários haviam imaginado. Nós acreditamos em predestinação mendeliana, e, numa sociedade que não pratica eugenia, a predestinação mendeliana leva tão inevitavelmente ao pessimismo sobre o futuro temporal quanto a predestinação agostiniana ou calvinista leva ao pessimismo sobre o futuro eternal.

Os profetas contemporâneos têm visões de sociedades futuras baseados na ideia da desigualdade natural, não na igualdade natural; eles aguardam o restabelecimento, numa base nova e muito mais realista, das velhas hierarquias; eles têm visões de uma aristocracia dominante e de uma raça aprimorada aos poucos, não por qualquer aprimoramento no ambiente educacional, legal ou físico (incapaz, por mais que seja efetivo na promoção da presente felicidade, de alterar a qualidade da matéria-prima), mas por uma deliberada criação eugênica.

Assim é o nosso futuro presente. É razoável supor que o futuro futuro dos nossos descendentes imediatos será da mesma espécie que o nosso, porém modificado em seus detalhes. Desse modo podemos imaginar os nossos filhos tendo visões de um novo sistema de castas baseado em diferenças nas habilidades inatas e acompanhado de um sistema educacional maquiavélico, planejado para dar aos membros das castas inferiores apenas a específica instrução merecida que seja proveitosa para a sociedade como um todo e para as castas superiores em particular. Os filhos dos filhos deles estarão talvez numa posição para prever com clareza um futuro no qual a criação eugênica terá falsificado essas profecias ao abolir por completo as castas inferiores. O que vai acontecer então? Mas o distante futuro do futuro é de fato remoto demais para ser discutido com proveito.

PARTE III

CORRIDA DE OBSTÁCULOS

Armance, se não o melhor, é certamente o mais esquisito de todos os escritos de Stendhal: o mais esquisito e, pelo menos para mim, um dos mais ricamente sugestivos. É a história dos amores infelizes de dois jovens, membros da estranha sociedade de extremistas que floresceu, de maneira breve e anacrônica, sob os Bourbon restaurados. Aristocratas, Armance e Octave são também nobres por temperamento e convicção íntima; eles têm "almas bem-nascidas". Daí sua infelicidade. Os dois se amam; mas suas relações são simplesmente uma longa série de mal-entendidos – mal-entendidos que jamais podem ser explicados de modo satisfatório, já que ambos são compelidos ao silêncio pelos ditames ora da religião, ora da convenção social, ora de um código de honra categoricamente imperativo. Além disso, o pobre Octave tem para si toda uma particular fonte de desgraça; jamais ficamos sabendo qual é. Só sabemos que o jovem carrega o peso de um segredo tenebroso – um segredo que o faz se comportar, em determinados momentos, como um perigoso lunático e que em outros momentos o mergulha na mais negra melancolia. Que segredo é esse? Armance chega ao ponto de fazer a pergunta indelicada; e depois de uma terrível luta interior Octave oferece a resposta num bilhete de poucas palavras. Mas ocorre ainda um outro mal-entendido, ocasionado dessa vez pelos inimigos do casal. No último instante Octave decide não postar sua carta. Seu conteúdo permanece para sempre irrevelado, não apenas para Armance, mas até mesmo para o leitor curioso. Contudo, o leitor curioso, caso seja também um leitor perspicaz, por essa altura terá adivinhado aquilo que continha o bilhete fatal; e o seu palpite se vê confirmado por certos leitores de primeira hora, amigos do autor, que solicitaram ao próprio Stendhal uma resposta para o enigma e registraram a resposta dele. Octave, pobre diabo, era impotente. Sua alma bem-nascida estava encasulada num (falando em termos fisiológicos) corpo mal-nascido.

Nascidos um século mais tarde, como teriam Octave e Armance se comportado hoje? É divertido, e é também profundamente instrutivo, especular. Para começar, os dois teriam desfrutado de plena liberdade para que se vissem tanto quanto quisessem. Nenhuma convenção social, nenhum escrúpulo religioso íntimo teria impedido Armance (a qual, na condição de órfã com uma pequena renda independente, quase certamente estaria estudando Arte, ou cursando a London School of Economics) de aceitar todos os convites de Octave para caminhar e conversar, para jantar e (pois esta é a Era da Proibição) tomar um vinho, para passear de carro com ele pelo campo, e até mesmo para acompanhá-lo durante fins de semana em Paris, quinzenas na Espanha ou na Sicília. (*En tout bien, tout honneur*, é claro. Nesse caso em particular, é verdade, é quase impossível que fosse de outro modo. Nos nossos dias, porém, *bien* e *honneur* permanecerão com frequência intactos, inclusive quando o jovem não é afligido pela incapacidade do pobre Octave, inclusive quando a estação é a primavera e o cenário é Taormina ou Granada. E quando não permanecem intactos, quem se importa, afinal de contas?)

O herói e a heroína de Stendhal tinham tão pouca liberdade de fala quanto tinham de ação. Não apenas as convenções os mantinham fisicamente separados; lhes era também moralmente impossível conversar de modo aberto sobre quase qualquer assunto que sentissem ser de vital importância. Octave era rico, Armance era pobre e orgulhosa. A delicadeza e uma convenção de honra não lhes permitiam conversar sobre dinheiro. E no entanto foi a disparidade das fortunas o que fez Armance relutar em admitir seu amor para Octave – ela relutou tanto que inventou um noivo fantasma para mantê-lo à distância. Os dois estavam condenados a sofrer em silêncio e por causa do silêncio. O silêncio, mais uma vez, cercava de forma impenetrável o segredo do pobre Octave. A modéstia cristã proibia discuti-lo; e mesmo se Octave tivesse de fato postado seu bilhete, no qual, após tamanha batalha interior, ele havia revelado a pavorosa verdade, Armance teria entendido uma palavra da mensagem? Certamente não, caso tivesse sido bem criada. Hoje em dia não haveria nenhum impedimento íntimo ao fato de que ambos resolvessem o problema financeiro, com seus corolários morais, até o último e mais prático dos detalhes. Também não é nem um pouco difícil, para nós, imaginar dois jovens contemporâneos discutindo as questões ainda mais íntimas levantadas pela incapacidade de Octave – fosse ela mais bem tratada por psicanalistas ou eletricidade, fosse o casamento possível caso tal problema provasse ser incurável e, sendo possível, em quais condições...

Pobre Octave! Infeliz Armance! A vida inteira do casal foi uma espécie de corrida de obstáculos – numa obrigação de escalar por cima e se arrastar por baixo de obstáculos, de passar com aperto por lugares estreitos. E o prêmio pela chegada? Para Octave o prêmio de chegada foi uma overdose de láudano; para Armance, uma cela num convento de freiras.

Se os dois tivessem disputado a corrida hoje, teriam corrido em terreno nivelado, ou de qualquer modo ao longo de uma pista tornada irregular apenas pela natureza, sem nenhuma obstrução artificial. O avanço é mais fácil agora. Mas serão eles merecedores de compaixão total, teremos nós direito a uma congratulação irrestrita? E a noção de transformar a vida numa corrida de obstáculos – será isso tão completamente ruim? A corrida nivelada e desimpedida não será um pouco entediante – não só para os espectadores, mas até mesmo para os próprios corredores?

A corrida mais desimpedida do mundo, ao menos na esfera das relações sexuais, é a moderna corrida russa. Eu nunca estive na Rússia, e dependo de livros para obter as minhas informações. Um dos melhores entre tais livros informativos é a coleção de contos de Romanov traduzida em inglês recentemente sob o título *Sem flores de cerejeira*. O tema de quase todas essas histórias é fundamentalmente o mesmo – o deprimente nivelamento da nivelada corrida amorosa. E, céus, como ela deve ser intoleravelmente nivelada num país onde as almas foram abolidas por decreto oficial, onde "psicologia" é um termo abusivo e estar apaixonado é depreciado como algo meramente "insano"! "Para nós", diz uma das estudantes de Romanov, "o amor não existe; temos apenas relações sexuais. E assim o amor é relegado com escárnio ao reino da 'psicologia', e o nosso direito à existência só é entendido em termos psicológicos... E qualquer pessoa que estiver tentando encontrar no amor alguma coisa além do psicológico é ridicularizada como insana ou mau exemplo."

Em outros lugares, a corrida não é de maneira nenhuma tão nivelada quanto é na Rússia. E lembremos que na Rússia ela é nivelada somente no que diz respeito ao sexo. Em outras esferas, o comunismo provavelmente erigiu mais obstáculos do que derrubou. Pois erigir obstáculos é uma das principais funções da religião (de acordo com Salomon Reinach, a única função); e o comunismo é uma das poucas religiões ativas e prósperas do mundo moderno. A nossa corrida assexual é provavelmente mais nivelada do que a coisa correspondente na Rússia comunista. E de qualquer forma, sexual ou assexual, comparada com a fantástica corrida de saltos imposta pela convenção e pelo catolicismo aos protagonistas da pequena tragédia de Stendhal, ela parece ser um mero jogo de bilhar. Homens e mulheres que pertencem a setores moderadamente "avançados" da sociedade ocidental moderna encontram bem poucos obstáculos artificiais em seu caminho. A existência da maioria dos tabus e convenções em meio ao quais Octave e Armance tiveram de abrir caminho à força já se desintegrou. Tal desaparecimento se deve a uma variedade de causas, das quais a decadência da religião organizada é talvez a mais importante. Os efeitos da descrença foram reforçados por eventos ocorridos em esferas um tanto diversas das religiosas. Assim, é óbvio que a moralidade sexual não teria se alterado de maneira tão radical como se alterou caso a decadência da religião não tivesse entrado em sincronia com a perfeição de uma técnica contraceptiva que roubou a indulgência sexual da maior parte de seus terrores e, por consequência, de boa parte de sua pecaminosidade. Para tomar outro exemplo, a prosperidade crescente tornou a abnegação menos desesperadamente necessária (e portanto menos meritória) do que já foi para a maioria dos homens e mulheres poucas gerações atrás. A racionalização levou ao excesso de produção, e o excesso de produção pede com insistência um excesso de consumo compensador. As necessidades econômicas se transformam com rapidez e facilidade em virtudes morais, e o primeiro dever do consumidor moderno não é consumir pouco, como no período pré-industrial, mas consumir muito, seguir consumindo mais e mais. Ascetismo é má cidadania; a autossatisfação se tornou uma virtude social. Consideremos agora o efeito na corrida de obstáculos de mudanças recentes na organização da sociedade. As sociedades modernas são democracias estratificadas de acordo com a riqueza. O princípio hereditário, para todos os fins, foi abolido. Não mais existem quaisquer direitos divinos, com o resultado de que não mais existem quaisquer boas maneiras; porque as boas maneiras são a expressão do respeito que é devido àqueles que possuem um direito divino ao respeito dos outros. Numa sociedade aristocrática, como aquela na qual Octave e Armance viveram, todo indivíduo tem direitos divinos que o autorizam a ganhar respeito; cada um faz suas reivindicações e cada um admite a justiça das reivindicações de todos os outros. Resultado: uma polidez requintada, elaborados códigos de honra e etiqueta. A aristocracia está morta; a polidez e a etiqueta e a questão de honra não passam de sombras de si mesmas. A maioria dos obstáculos com os quais certa vez o trajeto do corredor bem criado se mostrava interrompido de modo tão abundante acabou, por consequência, sumindo. (Alguns desses obstáculos, é importante lembrar, eram de uma natureza muitíssimo alarmante. Por exemplo, raiva e impaciência tinham de ser mantidos sob repressão férrea. Tratar um homem de maneira rude significava correr o risco de ser desafiado a disputar um duelo. Octave foi gravemente ferido por – e matou – um jovem que lhe escreveu um bilhete impertinente.)

Destruir obstáculos é divertido, e a diversão, sendo um golpe pela liberdade, é meritória; destruindo, você tem o melhor dos dois mundos. Os primeiros corredores nivelados após um regime de corridas de obstáculos desfrutam de um divertimento esplêndido. E é só quando a corrida nivelada se tornou a regra e não a ousada exceção que o seu nivelamento começa a perder vigor. Por sorte, esse processo de nivelamento ocorre com lentidão. Os obstáculos não são removidos de forma simultânea em todos os estratos de uma sociedade. Algumas classes poderão continuar loucamente saltando tabus e atravessando largos abismos de proibição durante anos quando o resto do mundo já tiver passado à corrida nivelada. Além do mais, os fantasmas de velhos obstáculos sobrevivem por muito tempo após a morte – na literatura (pois continuamos a ler velhos livros), nas memórias dos indivíduos idosos. Destruir fantasmas é pelo menos o fantasma da diversão, o fantasma de um meritório golpe pela liberdade. A Inglaterra contemporânea está cheia de heroicos destruidores de fantasmas. Nem todos os nossos obstáculos, é claro, são fantasmagóricos; o trajeto da maioria das vidas individuais é pontilhado, inclusive hoje, por sólidas barreiras. A destruição delas fornecerá divertimento para vastos números de pessoas durante um considerável tempo vindouro. Há muitos outros, no entanto, que já estão achando a corrida nivelada bastante chata. (Essa afirmação é abrangente e inverificável; só podemos contar com a nossa própria observação e a evidência da ficção contemporânea.) Para a maior parte dos entediados, é verdade, o hábito transformou uma diversão crônica em algo de uma necessidade indispensável. Confrontados por um obstáculo, seja externo ou interno, eles sofrem de maneira genuína, o que não os livra do tédio, no entanto, quando não há nenhum obstáculo e eles estão à vontade para correr sua corrida de satisfação gastronômica, sexual e recreacional, desimpedidos e num nivelamento moral. "*Il n'est pas bon d'être trop libre. Il n'est pas bon d'avoir toutes les nécessités.*"* Pascal era um psicólogo realista.

O suicídio e um convento de freiras foram os prêmios de chegada rumo aos quais Octave e Armance escalaram e rastejaram. Prêmios insatisfatórios; mas a corrida em si – essa jamais foi enfadonha. (Aliás, tais prêmios de chegada não eram os inevitáveis, ou sequer a conclusão comum dessas longínquas corridas de obstáculos. O índice de suicídios é bem mais alto hoje do que era quando Octave tomou sua dose fatal de láudano; a loucura e a neurastenia são muito mais comuns.) A única queixa que poderíamos fazer contra uma corrida como essa que Stendhal descreve é que ela poderia provar ser um tanto emocionante demais. Para quem gosta de uma vida tranquila, suas exaltações e agonias, suas dores e enlevações seriam sem dúvida demasiado intensas. Mas no caso das pessoas (e elas são inúmeras) que *não* gostam de uma vida tranquila, que satisfação extraordinária! Trata-se de algo mais satisfatório, por exemplo, do que até mesmo a mais nivelada e veloz corrida. As prazerosas excitações derivadas de uma autossatisfação permitida por fatores externos e internos são insípidas quando comparadas com aquelas que precisam ser obtidas num trabalhoso avanço (ou por ocasiões, inclusive, num avanço inviável) por cima de obstáculos na direção de um prêmio desejado. Nenhum hedonista razoável consentirá em ser um corredor nivelado. Abolindo seus obstáculos, ele abole metade de seus prazeres. E ao mesmo tempo ele abole a maior parte de sua dignidade como ser humano. Porque a dignidade do homem consiste justamente em sua habilidade para se abster de sair em disparada pelo

* Não é bom ser muito livre. Não é bom ter todas as necessidades. (N.T.)

chão nivelado, em sua capacidade para erguer obstáculos em seu próprio caminho.

No passado, o homem construía a maioria desses obstáculos abastecido pela religião; e, mesmo quando os obstáculos eram essencialmente econômicos, ele tomava cuidado para decorá-los de maneira pitoresca, com tapeçarias religiosas ou ético-religiosas. Os obstáculos econômicos ainda existem; mas para a maioria dos homens eles são ligeiramente (e para alguns muito) mais baixos do que no passado. Ao mesmo tempo, a maior parte dos obstáculos religiosos, em conjunto com vários dos obstáculos éticos – os quais, para cristãos crentes, era razoável colocar no caminho –, desmoronou. O homem moderno se vê na posição dos israelitas que foram obrigados a fazer tijolos sem palha; ele poderá querer barrar seu caminho com obstáculos um pouco mais elaborados e sutis do que os obstáculos que as leis e as convenções correntes empilham de modo desajeitado ao longo de seu caminho – ele poderá querer fazer isso, eu repito, mas não encontra disponível nenhuma matéria-prima com a qual fabricar tais obstáculos: nada, isto é, exceto aquilo que ele consegue extrair de seu próprio ser. Sim, ele precisa extrair o material para seus obstáculos totalmente de seu próprio ser, e precisa encontrar nas necessidades de seu próprio ser razões suficientes para sequer começar a montar obstáculos. Ele acaba por adotar a corrida de obstáculos não porque a corrida de obstáculos é agradável a Deus e a corrida nivelada não é, mas porque a obrigação de passar por cima de obstáculos é, em última instância, mais prazerosa do que correr à solta no chão nivelado, e porque o recuo diante de obstáculos erguidos por conta própria é, em muitos casos, a coisa mais nobre e dignamente humana que um homem pode fazer. Doravante, a única ética aceitável será uma ética baseada numa psicologia verificável; a moralidade, ao que parece, está destinada a se tornar um ramo da medicina. Se precisam existir obstáculos (e com maior ou menor frequência, maior ou menor clareza, todos nós somos cientes de um desejo por obstáculos), cabe à ciência decidir a forma que terão, como serão construídos, onde serão situados. E, se a ciência for genuinamente científica, ela vai prescrever a montagem, aqui e ali, de obstáculos um tanto fantásticos, vai desconcertar a nivelação até mesmo dos mais legítimos e razoáveis desejos. "Aqui", ela dirá, "você precisa plantar uma proibição irracional, aqui um tabu ridículo, aqui toda uma série de impedimentos abertamente antibiológicos." Absurdo; entretanto, o espírito humano é absurdo, o processo todo de viver é despropositado no máximo grau. Por mais absurdo que isso seja, os homens gostam de obstáculos, não conseguem ser espiritualmente saudáveis sem eles, se sentem entediados e doentes quando praticam a corrida nivelada. Uma ciência realista tem de aceitar tal fato e prescrever em conformidade.

No passado, os obstáculos eram muitas vezes gratuitamente altos, numerosos e cheios de riscos fatais. Era inevitável, porque, se você montar obstáculos não pensando apenas em si mesmo, mas com a ideia de agradar a uma divindade, é obvio que eles terão a tendência de assumir as proporções sobre-humanas da entidade em cujo nome são criados. O pensamento tem uma vida própria, independente de seus pensadores, sendo inclusive, por ocasiões, hostil contra si. Um conceito ganha vida e, obedecendo às leis de sua existência conceitual, segue crescendo com a mais irresistível inevitabilidade de uma semente plantada, ou de um cristal suspenso numa solução saturada. Para um conceito em crescimento, mentes humanas são meros receptáculos de um líquido formador de cristais, meras sementeiras mais ou menos bem adubadas. No fim, o pensamento crescido muitas vezes acaba por dominar seus pensadores, por lhes impor um modo de vida cuja adoção não será vantajosa para eles. Às vezes o pensamento crescido é suscetível de corporificação imediata. A história do maquinismo é um bom exemplo. O conceito embrionário das máquinas cresceu nas mentes e foi incorporado progressivamente pelas mãos de sucessivos pensadores-artesãos, e o maquinismo, agora, é o nosso mestre – somos compelidos a viver não como gostaríamos de viver, mas de acordo com os comandos do maquinismo. A história dos próximos séculos será, entre outras coisas, a história dos esforços do homem para voltar a domesticar o monstro que ele criou, para reafirmar um controle humano sobre esses pedaços de pensamento corporificado que de momento são tão dominadoramente rebeldes.

A história do conceito de Deus é semelhante à do conceito do maquinismo: uma vez plantado, ele cresceu, assumiu uma vida independente e terminou impondo a seus cultivadores (seus "hospedeiros", na linguagem da parasitologia) uma nova e por vezes desvantajosa forma de existência. Mas enquanto o conceito do maquinismo ainda segue crescendo e se corporificando em formas sempre renovadas, o conceito de Deus (de Deus, pelo menos, como um ser pessoal) não apenas parou de crescer como também está parando até mesmo de viver. A ideia foi atacada na raiz, com o resultado de que toda a vasta superestrutura de tronco, galhos e folhas definhou. Uma das ramificações dessa grande árvore religiosa era uma moralidade de obstáculos. Deus gosta que pratiquemos corrida de obstáculos – e quanto mais impossível e sobre-humana for a dificuldade dos obstáculos, tanto mais satisfeito Ele fica. Essa era a teoria religiosa. Sua aceitação acarretava, como eu disse, uma distribuição bastante gratuita de trincheiras e barricadas ao longo da pista de corrida humana. Será tarefa da ciência descobrir um conjunto de obstáculos cuja dificuldade seja pelo menos tão esportiva e excitante quanto a daquele que Octave e Armance tiveram de transpor, mas que seja menos perigoso à sanidade e à vida e seja, apesar de seu caráter absurdo, de alguma forma compatível com uma existência racionalmente organizada na busca de felicidade e progresso social. Resta ver até que ponto, sem ajuda de uma mitologia, haverá sucesso.

PARA O PURITANO TODAS AS COISAS SÃO IMPURAS

A sra. Grundy* é parecida com o Rei e aquele verme infernal da Bíblia – ela não pode morrer. *La Grundy est morte. Vive la Grundy!* Não há como nos livrarmos dela; ela é imortal e sucumbe apenas para renascer. Disfarçada de Sir William Joynson Hicks** (pois ela com frequência usa calças), a velha dama foi muito ativa na Inglaterra durante os últimos anos. Quando as eleições gerais deram fim a Jix e ao partido dele, os otimistas tiveram esperança de que se dera um fim à sra. Grundy. Mas os otimistas, como de costume, estavam errados. Na esfera do comportamento sexual, o novo governo é tão rigidamente ortodoxo quanto o velho, e faz uso da mesma intolerância ativa. Entre os últimos atos do secretário de Assuntos Internos, na saída do cargo, constaram o banimento do romance *O amante de Lady Chatterley*, de D.H. Lawrence, e o confisco da carta registrada que continha o manuscrito de seu "Pansies"***. Um dos primeiros atos de seu sucessor trabalhista foi botar a polícia na exibição das pinturas de D.H. Lawrence. *La Grundy est morte. Vive la Grundy!*

A ortodoxia sexual preserva não somente o seu Credo Atanasiano como também o seu Grande Inquisidor.

---

* Em inglês, diz-se de pessoa extremamente – de forma quase tirânica – afeita às convenções sociais. (N.E.)

** William Joynson-Hicks (1865-1932): político do partido conservador britânico, também conhecido como "Jix" e famoso por seu autoritarismo. (N.E.)

*** Título de um livro de poemas de D.H. Lawrence que, como o mais conhecido *O amante de Lady Chatterley*, foi censurado na Inglaterra. (N.E.)

"Eu acredito num único Amor heterossexual, monógamo e indissolúvel. E acredito na Respeitabilidade. E acima de tudo no Silêncio." Contra os hereges que não querem aceitar essa profissão de fé sexual, os Grandes Inquisidores estão em guerra permanente. No início do último século, os católicos e judeus ingleses não tinham nenhum direito político; os ateus eram expulsos das universidades inglesas; os blasfemos eram punidos com severidade. Hoje o sujeito é livre para ter qualquer ou nenhuma religião; sobre a Religião Oficial e suas divindades ele pode dizer quase tudo que quiser. Mas ai de quem que se desviar do estreito caminho da ortodoxia sexual! A servidão penal aguarda aqueles que agirem segundo suas descrenças na exclusiva santidade da heterossexualidade; e quanto à blasfêmia sexual – isto é, a redação de certas palavras proibidas e a franca descrição ou representação de certos atos que todas as pessoas executam –, a penalidade varia do confisco do quadro ou do texto ofensivo a uma multa e possivelmente, em alguns casos, prisão. Assim se pode ver que, como se apresentam as coisas de momento, qualquer membro da Santíssima Trindade poderá ser insultado com impunidade quase perfeita. Mas faça, ou diga, ou desenhe qualquer coisa para ofender a sra. Grundy e o vingativo Inquisidor cairá em cima de você no mesmo instante. A sra. Grundy, numa palavra, é a única deidade oficialmente reconhecida pelo Estado Inglês. Os homens são livres para não venerar o Deus do Anglicanismo; mas a lei os compele a reverenciar a divina Grundy.

Argumentar o caso contra o grundyismo seria fácil, mas de todo sem proveito. Porque nessas questões, é óbvio, o argumento é perfeitamente inútil. O argumento é um apelo à razão, e não há nenhuma razão no grundyismo. Há somente, na melhor das hipóteses, racionalizações e preconceitos – preconceitos que, na maioria dos grundyitas individuais, remontam aos ensinamentos recebidos na infância. Aqueles que aceitam o credo da ortodoxia sexual o fazem porque, segundo a frase de Pavlov, seus reflexos foram condicionados num período impressionável. Seria absurdo duvidar da sinceridade de pessoas como o sr. Summer, da Sociedade do Vício de Nova York, e os honoráveis cavalheiros que ocuparam o posto da Secretaria de Assuntos Internos na Inglaterra. Eles ficam, é claro, um tanto genuinamente chocados por coisas como *O amante de Lady Chatterley* e as pinturas de Lawrence. Essas coisas realmente os repugnam e ultrajam. Se considerarmos a educação que tiveram, é inevitável; bem como é inevitável que os cães de Pavlov, após terem sido regularmente alimentados ao som de um sino, devam começar a babar com faminta antecipação, no futuro, sempre que o sino for tocado. Nossos cruzados contra o vício e secretários de Assuntos Internos foram sem dúvida criados em ambientes onde uma palavra imprópria e uma referência demasiado franca em expressões saxônicas aos processos de reprodução e evacuação (percebem como se tornam perfeitamente respeitáveis esses atos singelos quando envoltos na decente obscuridade de uma linguagem erudita!) eram acompanhadas não por algo tão suave quanto o tilintar de um sino, mas por silêncios aterradores, pelo enrubescimento ou desmaio de tias solteiras, pelo tristemente devoto horror ou pela indignação jeóvica de clérigos e diretores de escola. De modo que, até o dia de hoje, eles não conseguem ouvir essas palavras ou ler essas descrições sem no mesmo instante recapturar (o processo é tão automático quanto a salivação dos cães de Pavlov) as dolorosas emoções despertadas neles durante a infância pelos portentosos acompanhamentos e consequências daquilo que eu chamo de blasfêmia sexual. No presente momento, a maioria daqueles que são velhos o bastante para ocupar posições de poder e responsabilidade foi criada em ambientes que condicionaram seus reflexos na forma do grundyismo. Poderá vir um tempo, talvez, no qual esses postos serão ocupados por homens cujos reflexos não foram condicionados dessa maneira. Quando a criança contemporânea demonstra um interesse normal e saudável por sexo e escatologia, a maior parte dos pais jovens não chora por ela, não bate nela, não lhe diz que sua alma vai torrar no fogo do inferno. Decorre disso, portanto, que suas futuras reações ao sexo serão menos violentamente dolorosas do que as reações daqueles que foram crianças nos velhos tempos de auge da respeitabilidade podsnapiana*. Nós estamos, portanto, justificados em acalentar uma leve esperança quanto ao futuro. Pois quando afirmei que a sra. Grundy era imortal eu estava exagerando. Ela bem pode, velha gata que é, ter nove vidas; mas ela não é perpétua. Que poderá vir um tempo no qual ela estará, se não dura de morta, ao menos debilitada, cronicamente moribunda, é algo, como já vimos, bastante possível. Além disso, é perfeitamente certo que durante longos períodos da história ela sequer existiu. Se lançamos o nosso olhar pela extensão toda do tempo histórico, percebemos que o grundyismo ativo não é um fenômeno normal. Durante os mais longos períodos da história registrada o puritanismo foi, se não inexistente em absoluto, no mínimo desprovido de relevância ou poder. As épocas de mais alta civilização foram conspicuamente não puritanas. Era à nua Afrodite que os gregos dos séculos V e VI a.C. faziam sacrifícios, não à divindade cheia de anáguas venerada

* Referência a Georgiana Podsnap, personagem ingênua e pudica de *Nosso amigo comum* (1964-65), romance do vitoriano Charles Dickens (1812-1870). (N.E.)

pelos Pais Peregrinos, pelo último Podsnap e por nossos contemporâneos Cruzados contra o Vício e secretários de Assuntos Internos. Visto pelos olhos do historiador filosófico, o puritano se revela como o mais anormal pervertido sexual de que temos registro, ao passo que o grundyismo se destaca como o supremo vício artificial.

Foi contra esse vício artificial e os pervertidos que o praticam que D.H. Lawrence travou sua batalha quase derradeira. Moralista guerreiro e militante, ele partiu para o ataque contra aquilo que considerava o mal, as pessoas perversas. Infelizmente, porém, o mal é sagrado no nosso mundo moderno, e as pessoas perversas são precisamente aqueles Bons Cidadãos que controlam os poderes do Estado. Lawrence foi muitas vezes desbaratado. A gigante Grundy jogava sua enorme crinolina em cima dele e o extinguia à força. Mas não por muito tempo; sua coragem e sua energia eram inextinguíveis e, apesar dos secretários de Assuntos Internos, a perigosa e brilhante chama de sua arte prorrompia de novo, a voz preventiva, denunciadora e persuasiva era ouvida mais uma vez – até o último segundo.

Pessoas cultas e tolerantes muitas vezes perguntam: qual é o propósito dessa cruzada? Qual é o propósito de chocar gente como Jix ao ponto de incitar retaliação legal? Qual é o propósito de usar as concisas palavras saxônicas diante das quais as pessoas estremecem, quando se pode expressar o mesmo significado, mais ou menos, por meio de circunlóquios e polissílabos greco-romanos? Não poderia o grundyismo ser atacado sem que fossem soadas as específicas campainhas de alarme que fazem com que as bocas dos cães farejadores de obscenidades não de fato salivem, como no caso dos cachorros de Pavlov, mas espumem com virtuosa indignação? Numa palavra, não poderiam ser obtidos resultados tão bons ou até mesmo melhores caso a cruzada fosse conduzida com tato e circunspecção?

A resposta para todas essas perguntas é: "Não". A meta da cruzada de Lawrence era uma admissão por parte do espírito consciente quanto ao direito do corpo e dos instintos não meramente a uma existência de má vontade, mas a uma honradez igual à do próprio espírito. O homem é um animal que pensa. Para ser uma criatura humana de primeira categoria, um homem precisa ser tanto um animal de primeira categoria quanto um pensador de primeira categoria. (E, aliás, ele não pode ser um pensador de primeira categoria, pelo menos no tocante às questões humanas, a menos que seja também um animal de primeira categoria.) Da época de Platão em diante houve uma tendência de exaltar o homem espiritual e pensante em detrimento do animal. O Cristianismo confirmou o Platonismo; e agora, por sua vez, isto que eu posso chamar de Fordismo, ou a filosofia do industrialismo, confirma, embora com modificações importantes, as doutrinas espiritualizantes do Cristianismo. O Fordismo exige que sacrifiquemos o homem animal (e junto com o animal grandes porções do homem espiritual e pensante) não de fato a Deus, mas à Máquina. Não há lugar numa fábrica, ou na fábrica mais ampla que é o mundo industrializado moderno, para animais, de um lado, ou, de outro, para artistas, místicos ou até mesmo, por fim, indivíduos. De todas as religiões ascéticas, o Fordismo é aquela que exige as mais cruéis mutilações da psique humana – exige as mais cruéis mutilações e oferece os menores retornos espirituais. Praticada com rigor por algumas gerações, essa tenebrosa religião da máquina terminará destruindo a raça humana.

Se a humanidade merece ser salva, é preciso haver reformas, não só nas esferas sociais e econômicas, mas também no interior da psique individual. Lawrence se preocupava em primeiro lugar com essas reformas psicológicas. O problema, para ele, era unir mais uma vez o animal e o pensante, era fazê-los cooperar na construção da masculinidade consumada. A fim de efetivar essa união, certas barreiras precisam ser derrubadas. São barreiras fortes; porque a mente consciente tomou extraordinárias precauções para se manter livre de contato com o corpo e seus instintos. O espírito rejeita ter uma vívida percepção do homem animal. Muito significativas nesse contexto são as palavras tornadas tabu que descrevem da maneira mais direta possível as funções características da vida corporal. O treinamento prematuro condicionou a tal ponto os reflexos do burguês normal e de sua esposa que eles estremecem sempre que uma dessas palavras é pronunciada. Pois essas palavras colocam a mente em contato direto com a realidade física que ela quer ignorar com ansiedade desesperada. Os circunlóquios e polissílabos científicos não colocam a mente nesse contato direto. Eles são meros símbolos algébricos, quase esvaziados de significado vivo e físico – um fato que deve diminuir um pouco a esperança quanto ao futuro que eu acabei de expressar. Criados num mundo que está aprendendo a tratar as questões sexuais de modo um tanto científico, os futuros homens da estirpe de Jix e Sumner não ficarão nada perturbados com referências literárias a fantasias de micturição, autoerotismo e coisas do tipo. Mas, se os mesmos fenômenos forem descritos em boas e claras palavras saxônicas, eles ficarão provavelmente tão mortificados e chocados quanto os atuais inquisidores. Porque quando essas palavras saxônicas são pronunciadas a mente de súbito se vê em verdadeiro contato com a realidade física que o Platonismo, o Cristianismo e o Fordismo, um após o outro, insistiram em ignorar. A mente se retrai com horror. Mas não deveria se retrair com horror. Lawrence batalhou pela superação de tal retraimento. Os métodos que ele usou foram drásticos – drásticos demais para muitos até mesmo entre aqueles que, a princípio, estavam a seu lado. "Mais tato, mais circunspecção!", eles imploraram. Mas o uso de palavras proibidas, a descrição e a representação de coisas quase sempre veladas eram táticas absolutamente essenciais na cruzada. A mente tinha de tomar conhecimento da realidade física perante a qual ela se retraía por costume. Tratava-se da única maneira de fazê-lo. O fato de que as pessoas ficam chocadas é a melhor prova de que elas precisam ser chocadas. Seus reflexos foram condicionados de forma errada; elas deveriam receber uma sequência de choques até que o condicionamento se desfizesse. A teoria, tenho certeza, é psicologicamente sólida. Mas colocá-la em prática é difícil. A cada soar do familiar sino "pornográfico", os farejadores de obscenidades condicionados ao pensamento correto espumam. E infelizmente eles estão numa posição que lhes permite fazer mais do que espumar; eles estão numa posição que lhes permite abrir as nossas cartas, confiscar os nossos livros e queimar os nossos quadros. O que se pode fazer a respeito? Talvez o professor Pavlov pudesse ter condições de nos dizer.

DOCUMENTO

Dos relatórios de um debate sobre censura de literatura obscena no Senado dos Estados Unidos, março de 1930. Senador Smoot, de Utah: "Eu não acreditava que livros desse tipo eram impressos no mundo". (O senador Smoot trouxera, como provas de acusação, os *Poemas* de Robert Burns (edição não expurgada), os *Contes Drolatiques* de Balzac, as *Memórias* de Casanova, *Feriado de um contador de histórias* de George Moore, *O amante de Lady Chatterley* de D.H. Lawrence, *Minha vida e meus amores* de Frank Harris, e aquele livro de receitas culinárias da sra. Beeton* para fazer amor, o *Kama Sutra*.) "Eles são mais baixos do que as bestas... Se eu fosse um inspetor de alfândega, essa literatura obscena só seria admitida por cima do meu cadáver. Eu prefiro que um filho meu use ópio em vez de ler esses livros." (Compare com a declaração ainda mais heroica do nosso próprio sr. James Douglas**. O sr. Douglas prefere dar para uma criança ácido cianídrico em vez de deixá-la ler *O poço da solidão****. Num artigo escrito na época eu me ofereci para providenciar ao sr. Douglas uma criança, um frasco de ácido cianídrico, um exemplar de *O poço da solidão* e (se ele mantivesse sua palavra e optasse por administrar o

* Referência ao *Mrs. Beeton's Book of Household Management*, manual para a dona de casa vitoriana, publicado a partir de 1859. (N.E.)

** James Douglas (1803-1977): britânico que foi governador, nos tempos coloniais, da região onde se localiza a cidade de Vancouver. (N.E.)

*** Romance de temática lésbica da inglesa Radclyffe Hall (1880-1943). (N.E.)

ácido) um belo memorial em mármore para ser erguido quando quer que ele determinasse, após a execução. A oferta, eu lamento dizer, não foi aceita.)

O senador Blease, da Carolina do Sul, foi mais eloquente até mesmo do que o senador Smoot. É verdade, ele não estava preparado para dar ópio e ácido cianídrico a crianças em lugar de literatura imprópria, mas ele estava bastante pronto para "ver a forma democrática e republicana de governo para sempre destruída, se necessário, a fim de proteger a virtude da feminilidade da América... A virtude de uma pequena garota de dezesseis anos é mais valiosa para a América do que qualquer livro que jamais tenha entrado nela vindo de qualquer outro país... Eu amo a feminilidade. Tire de um governo a pureza de sua feminilidade e esse governo será destruído".

PONTOS DE VISTA

Ancelin, bispo de Belley, "gostava de dizer: 'Eu, de minha parte, posso olhar com indiferença para qualquer mulher, sem exceção; mas sem demora eu as esfolo todas'. Com isso ele queria dizer que retirava mentalmente a pele delas e contemplava a pútrida corrupção que espreitava no lado de dentro".

A célebre observação de Swift sobre a mulher que ele vira esfolada numa sala de dissecação pertence à mesma família de ideias – uma família muitíssimo respeitável, cuja linhagem pode ser traçada num passado muito distante, pelo menos até Boécio. O deão da catedral de São Patrício tinha na alma um genuíno Pai da Igreja. Um lado dele era irmão de sangue do formidável Odão de Cluny*, cujos comentários sobre o belo sexo são famosos com imensa justiça. A seguinte tradução não emite nada senão o mais fraco eco retininte dos prodigiosos trovões do latim original. "Se o homem", escreve Odão, "pudesse ver por baixo da pele, como se diz que os linces da Beócia enxergam as partes internas, então a visão de uma mulher ser-lhes-ia nauseabunda. A beleza toda não passa de fleuma e humores e bílis. Se um homem considerar aquilo que está escondido no interior do nariz, da garganta e da barriga, encontrará imundície por todos os cantos; e se nós não somos capazes de criar coragem para tocar tal fleuma ou excremento nem mesmo com a ponta dos nossos dedos, por que razão vamos desejar abraçar esse saco de imundície como ele se apresenta?"

---

* Monge francês dos séculos IX-X que foi o segundo abade de Cluny. (N.E.)

Agora ouça Michelet. Não faço nenhum esforço para reproduzir o lirismo quase histérico do original, mas traduzo um tanto literalmente.

"Uma incomparável ilustração do manual de Coste e Gerbe" (Coste era um professor de embriologia, e Gerbe, um desenhista anatômico) "mostra o mesmo órgão (a matriz) sob um aspecto menos assustador, o qual comove o observador até as lágrimas...

"As poucas gravuras de Gerbe (na maior parte não assinadas) – um atlas espantoso e único – são um templo do futuro que, mais adiante, num tempo melhor, encherá todos os corações com religião. O indivíduo deve cair de joelhos antes de ousar contemplá-las.

"O grande mistério da concepção nunca antes aparecera na arte com todo o seu encanto, sua verdadeira santidade. Não conheço o espantoso artista. Agradeço a ele mesmo assim. Todo homem que teve uma mãe lhe agradecerá.

"Ele nos deu a forma, a cor, não, muito mais, ele nos deu a *morbidezza*, a trágica graça de tais coisas, a profunda emoção contida nelas. É por força de acurácia pura? Ou ele sentiu isso tudo? Eu não sei, mas esse é o efeito.

"Ó santuário da graça, feito para purificar todos os corações, quantas coisas você nos revela!

"Para começar, aprendemos que a Natureza, pródiga como é em belezas externas, colocou a maior de todas no lado de dentro. As mais emocionantes estão escondidas, como que engolfadas, nas profundezas da própria vida.

"O indivíduo aprende, ainda, que o amor é algo visível. A ternura esbanjada conosco por nossas mães, seus amáveis carinhos e a doçura de seu leite – tudo isso pode ser reconhecido, sentido, adivinhado (e adorado!) nesse inefável santuário de amor e dor."*

Ora, ora, ora...

---

* De *L'Amour*, de Michelet. (N.A.)

ÉTICA NA ANDALUZIA

Dois jornais são publicados em Granada: um católico, outro liberal e anticlerical. A guerra de tinta entre os dois rivaliza com a disputa entre o sr. Pott e seu detestado colega em *As aventuras do sr. Pickwick.* Uma recente estada na acrópole moura foi prazerosamente avivada para mim pelo espetáculo das vicissitudes diárias da batalha. Uma escaramuça em particular me deleitou. Era em função de uma peça – uma dessas agradáveis farsinhas que os autores espanhóis produzem com tamanha facilidade e os atores espanhóis desempenham com brilho tão vívido. Montada num dos teatros locais, a peça conquistara do crítico da folha liberal um louvor incondicional – colunas de texto; porque os jornalistas espanhóis de segunda classe têm uma capacidade quase inacreditável para revestir o mínimo de relevância com o máximo de verbosidade. Não vou fingir que li o artigo, pois ele era rigorosamente ilegível; mas corri os olhos nele por um suficiente número de segundos para tomar conhecimento não do seu tema, porque o seu tema era o nada, e sim de qual era o sentimento que o inspirava. No dia seguinte os clericais lançaram um contra-ataque. Eles não iriam recomendar peças imorais para seus leitores, isso não. Eles deixavam para os liberais o cometimento de tais infâmias. Eles tinham ficado enojados, mas nem um pouco surpresos, por ver que o crítico do jornal conterrâneo alcovitara tanto a imoralidade a ponto de louvar – esqueci o nome da obra. De sua própria parte, não hesitavam em classificar a peça como produção infame.

Mas caso algum de seus leitores desejasse assistir a uma peça moral, eles podiam recomendar – aqui o nome da tradução de uma peça inglesa de tema criminal, que acabara de estrear no outro teatro. Desnecessário dizer: depois de ler esse artigo eu saí correndo atrás de bilhetes para ver a farsa. A realidade, no entanto, foi amargamente decepcionante. A infâmia denunciada com tamanha paixão pelos Pais da Igreja provou consistir na mais amena bobagem, daquelas às quais pais franceses levam suas crianças para uma diversão natalina. Havia umas poucas piadas sobre a terna paixão, um personagem que considerava enfadonhos os laços do matrimônio; isso era tudo. Voltei para casa com a sensação de que eu gostaria de processar os proprietários do jornal clerical pelo preço do meu bilhete. Que vigaristas! E me ocorreu que talvez todos os grandes flageladores de passadas imoralidades tenham sido tão fraudulentos, em suas espalhafatosas denúncias, quanto o jornalista de muito sã consciência que advertiu os granadinos contra a influência corruptora de uma ingênua farsinha. Suponhamos que alguma máquina do tempo pudesse nos transportar de volta ao mundo descrito com tamanho fervor e óbvio gosto por Juvenal*; ou àquele mundo, bem no fim do período imperial, denunciado com tanto zelo cristão (e para os incrédulos, de maneira tão sedutora!) por Salviano**: eu tenho uma forte suspeita de que sofreríamos uma triste decepção. O que, só isso? E no mesmo instante usaríamos a nossa passagem de volta para a Paris ou a Nova York do século XX. Porque a verdade é esta: se você falar com a linguagem apropriada, praticamente qualquer ato poderá ser levado a parecer praticamente

---

* Escritor romano dos séculos I e II, autor de *Sátiras*. (N.E.)

** Monge marselhês do século V que escreveu sobre o saque de Roma pelos bárbaros em 410. (N.E.)

qualquer coisa, de santo a infame. Leia George Sand e você ficará convencido de que a melhor e mais infalível forma de agradar o Criador de uma pessoa é satisfazer os caprichos amorosos dessa pessoa, mesmo que estes sejam centrados no lacaio. Leia, digamos, os comentários de Charles Maurras sobre George Sand e você será levado a sentir que a amante de Musset e Chopin era uma devoradora de homens insaciável, e que suas doutrinas eram ao mesmo tempo bobas e profundamente imorais. Trata-se, do início ao fim, de uma questão de linguagem. Se você tiver sentimentos morais fortes (ou então nenhum sentimento moral, mas apenas malícia, apenas um desejo de se exibir) e um talento para usar linguagem destemperada de uma maneira efetiva, poderá fazer as pessoas acreditarem que o mundo está totalmente tomado pelas mais pavorosas iniquidades. Para aqueles que têm o tipo certo de talento literário ou oratório, seguir a linha da grande elevação moral é uma das profissões mais recompensadoras. Até mesmo em Granada. Porque, como eu disse, o açoite foi aplicado sem piedade pelo crítico clerical. Quando ele deu a questão por encerrada, a pobre farsinha poderia ter sido, no mínimo, a *Sodoma* de Lord Rochester*. Seu texto, tenho certeza, deve ter dobrado as receitas da bilheteria.

Observada de maneira desapaixonada e com olhos marcianos, talvez a coisa mais estranha de todas tenha sido o fato de que o crítico de sã consciência que havia denunciado a farsa quisesse também recomendar, na condição de eminentemente moral, a peça de tema criminal. A farsa, é verdade, tratava de adultério, que é uma das manifestações do pecado capital da luxúria. Mas a peça de tema criminal lidava com assassinato e roubo,

* Drama obsceno da época da Restauração (publicado em 1684) atribuído ao nobre Lord Rochester. (N.E.)

que são as manifestações dos igualmente capitais pecados da ira e da avareza. Além disso, o assassinato e o roubo eram cometidos, a despeito das regras da arte clássica, *coram populo**, no palco, ao passo que o adultério era realizado com discrição, fora de vista. E ainda: um dos bandidos, pelo menos, era sem nenhuma dúvida um personagem simpático, com o qual, de uma forma quase justificada, qualquer pessoa jovem, sugestionável e fã de heróis poderia desejar se parecer. Ficará claro, assim, que o crítico de sã consciência estava recomendando, na condição de moral, uma peça na qual dois pecados capitais eram pintados com extrema vivacidade e em cores atraentes, enquanto denunciava como infame a muito menos vívida representação de outro pecado capital. O julgamento do crítico de sã consciência de Granada seria com toda certeza aprovado por críticos de sã consciência em todas as outras partes do mundo. É muitíssimo expressivo, nesse contexto, que a palavra "imoral" tenha adquirido entre os povos de língua inglesa um significado especializado e técnico. Quando dizemos de um milionário que ele é um homem muito "imoral", não estamos nos referindo a uma rapacidade de abutre, ou avareza, gula imunda, vaidade, crueldade; estamos nos referindo exclusivamente a seu hábito de beliscar as partes mais carnudas das anatomias de datilógrafas e de levar coristas para jantar. De modo similar, um livro "imoral" é aquele que lida com atos – poderão ser atos perfeitamente lícitos e conjugais – de natureza sexual. Um quadro "imoral" é um nu, até não necessariamente numa específica postura amorosa; na Inglaterra, ao menos, um nu é imoral, em termos legais, caso não tenha sido expurgado de todos os seus supérfluos pelos. Aquilo que os censores cortam dos filmes nunca é o tiroteio, o assalto, a trapaça ou jogatina lucrativa; são os beijos.

* Diante do povo. (N.E.)

O que justifica essa atitude de sã consciência é o fato (creditável em grande medida, na minha opinião, à natureza humana) de que o pecado capital da concupiscência é, para a maioria das pessoas, bem mais atraente do que os pecados capitais da ira e inclusive da avareza. Assegurados da suposição preliminar de que a concupiscência é perversa, pensadores de sã consciência ficam justificados no ato de discriminar em especial as representações desse pecado. Pois tais representações são passíveis de levar mais pessoas ao crime sexual do que seriam levadas a crimes de violência pelas representações do assassinato e do roubo.

Entre os pensadores de sã consciência a doutrina da inerente perversidade da concupiscência é ainda defendida com uma extraordinária intensidade. Parnell* caiu em desgraça porque os partidários dissidentes do Autogoverno Irlandês ficaram chocados com seu adultério; a possibilidade de que ele estivesse implicado nas campanhas de assassinato os deixara relativamente impassíveis. No famoso caso de assassinato Thompson-Bywaters nós fomos entretidos pelo espetáculo de uma mulher perdidamente apaixonada, mas tão respeitável e incrustada num estrato social de tamanha respeitabilidade que ela preferiu assassinar seu marido a tentar viver em pecado aberto com seu amante. Bywaters e a sra. Thompson foram enforcados – patéticos mártires de um sistema ético que atribui a palma da imoralidade ao pecado da concupiscência. Um exemplo mais recente servirá para confirmar a minha tese. Poucos dias após ter deixado Granada, peguei uma cópia da edição parisiense do *Chicago Tribune*, chegada com atraso na Andaluzia, e li que certa desafortunada pessoa na Califórnia tinha sido condenada a cinquenta anos de prisão por violar

* Charles Stewart Parnell (1846-1891): político irlandês. (N.E.)

uma jovem. Ora, pessoas que violam jovens mulheres são obviamente transtornos intoleráveis e deveriam ser tratadas com a maior firmeza; mas quando chegamos aos cinquenta anos de prisão – bem, falando sério, isso não é levar a firmeza um pouco longe demais? A minha própria ideia de uma punição adequada para violadores masculinos seria sujeitá-los por sua vez à violação de uma dúzia ou duas de mulheres robustas e ativas. Em seu fascinante livro sobre *A vida sexual dos selvagens* (tão infinitamente mais organizada do que a vida sexual das damas e dos cavalheiros em termos de sensatez, higiene e moralidade), o professor Malinowski descreve o tratamento ao qual os transgressores masculinos são submetidos pelas mulheres de certas tribos das Ilhas Trobriand. Não vou entrar em detalhes; basta dizer que os métodos das damas nas Trobriand são drásticos no mais alto grau. Minha sugestão é que esses métodos sejam usados, por um selecionado bando de mulheres algozes, em todos os homens considerados culpados de violação a uma integrante do sexo oposto. Parece-me um tanto duvidoso que algum homem, uma vez punido dessa maneira, jamais fosse atacar de novo. Mas a justiça profissional não é poética – quero dizer, não é sensata; as punições não combinam com os crimes. Os violadores são trancados numa cadeia – na Califórnia, por meio século corrido. Uma sentença de tamanha enormidade só é possível numa sociedade onde a palavra "imoral" veio a conotar, de um modo quase exclusivo, atos de natureza sexual. O ato sexual incorreto corresponde, em certas sociedades contemporâneas, à expressão de opiniões heréticas na Europa do catolicismo e dos primeiros tempos do protestantismo durante os séculos de fé.

Existem indicações de que a escala de valores no nosso sistema ético está passando agora por uma gradual modificação. Em grandes setores da sociedade contemporânea a importância do ato sexual foi minimizada – inclusive de modo indevido. Ao mesmo tempo, o desgosto em relação à crueldade parece estar crescendo em ritmo constante, e também (o que é prenhe das mais importantes consequências) uma certa ternura de consciência no tocante às manifestações da avareza e ao amor pelo dinheiro está começando a ficar perceptível. A Igreja Católica medieval professava um ódio passional pelo amor ao dinheiro e usava todas as armas – tanto no arsenal espiritual quanto no temporal – para impedir que os homens se entregassem a esse pecado com demasiada liberdade. Sob Calvino e os protestantes posteriores a atitude cristã diante do dinheiro passou por uma grande mudança. A noção do Velho Testamento de que a prosperidade era um sinal de virtude (e de fato é, se você limitar a virtude a prudência, diligência, frugalidade e coisas do tipo) foi reavivada. Hoje, sob a influência do socialismo, seguidores de Tolstói, de William Morris e de vários outros protestantes modernos contra o industrialismo, uma certa reação em relação aos padrões medievais de moralidade econômica começou a se concretizar. Quem sabe não esteja tão distante assim o tempo no qual as mais detestáveis heresias, aos olhos de todas as pessoas de sã consciência, não serão heresias amorosas, e sim econômicas; no qual cinquenta anos atrás das grades será o destino dos ultraendinheirados em lugar dos ultrassexuais. Se esse estado das coisas será preferível ao estado existente eu não sei dizer; será diferente, essa é a única certeza que podemos ter. Virou moda, hoje em dia, chamar toda mudança de progresso. Eu, de minha parte, prefiro o nome mais velho, menos presunçoso e autocomplacente.

PARTE IV

ABOMINÁVEIS FRONTES BAIXAS

Em *Adeus às armas*, o sr. Ernest Hemingway se aventura, numa ocasião, a nomear um Velho Mestre. Há uma frase, de uma expressividade um tanto admirável (porque o sr. Hemingway é um escritor muitíssimo sutil e sensível), uma única frase, nada mais, sobre "os penosos furos de prego" dos Cristos de Mantegna*; em seguida, rápido, bem rápido, aterrorizado por sua própria temeridade, o autor segue em frente (como a sra. Gaskell** poderia ter seguido em frente às pressas, caso tivesse de algum modo se traído ao mencionar um vaso sanitário), segue em frente com acanhamento para falar mais uma vez de Coisas Baixas.

Houve um tempo, não muito tempo atrás, no qual o estúpido e o inculto aspiravam a ser considerados inteligentes e cultos. A corrente da aspiração mudou sua trajetória. Não é nem um pouco incomum, agora, encontrar pessoas inteligentes e cultas fazendo o melhor que podem para simular estupidez e ocultar o fato de que receberam uma educação. Vinte anos atrás, ainda era um elogio dizer sobre um homem que ele era esperto, instruído, interessado nas questões da mente. Hoje, "erudito" é um termo de abuso desdenhoso. O fato é sem dúvida significativo.

---

* Referência a Andrea Mantegna (c. 1431-1506), pintor e gravador italiano. Sua tela *Lamentações sobre o Cristo morto*, que mostra o corpo de Cristo sendo pranteado, é uma das grandes obras do Renascimento. (N.E.)

** Elizabeth Gaskell (1810-1865): romancista inglesa cuja obra aborda, entre outras coisas, a vida dos pobres da sociedade vitoriana. (N.E.)

Na decente sociedade anglo-saxônica o indivíduo não pode ser um erudito. O que pode ser o indivíduo, então? Ou melhor, visto que os imperativos categóricos do esnobismo e da convenção estão envolvidos, o que deve ser o indivíduo? Na América o indivíduo deve ser, com espalhafato e entusiasmo e absorvência, o Bom Sociável. O nosso inglês refinado deplora o espalhafato e o entusiasmo; a boa interação social no Velho País deve ser feita de uma maneira superior, distinta, típica das escolas prestigiosas. O inglês e a inglesa ideais são os dois encantadores jovens casados que são os permanentes heróis e heroínas de todas as piadas afáveis da *Punch*. Eles ganham mais ou menos mil por ano e têm talvez dois filhos, os quais ficam perpetuamente fazendo as mais doces e mais divertidas declarações ao estilo de Barrie*. Eles são, é claro, queridíssimos e ótimos camaradas; e quanto ao senso de humor do casal – é de fato impagável. Quando encontram um par de tatuzinhos no jardim, no mesmo instante os batizam de Agatha e Archibald** – e todos concordarão que nada poderia ser mais engraçado do que isso. Com efeito, seu senso de humor permanece em evidência de um modo tão constante que alguém quase poderia ficar tentado a crer que os dois não levam nada a sério. Mas esse alguém estaria errado. Os charmosos brincalhões têm corações com selo de qualidade e todos os instintos mais corretos e genuinamente classe média alta sobre tudo e sobre todas as pessoas, incluindo os eruditos, aos quais eles dedicam um entusiasmado desprezo de escola prestigiosa – misturado, no entanto, com um certo temor secreto e desconfortável.

---

* J. M. Barrie (1860-1937): escritor e dramaturgo inglês, criador do Peter Pan. (N.E.)

** Referência a Agatha Christie e seu primeiro marido, Archibald. (N.E.)

Queridas e impagáveis criaturas! Delas é o reino do nosso céu anglicano. "Vai e faz o mesmo", manda o imperativo categórico. Eu faço de tudo para obedecer; mas, quando os impagáveis se aproximam, vejo-me acatando apenas a primeira parte do mandamento; eu *me vou* – com a maior rapidez possível.

Qual será o motivo desses dois esnobismos característicos e, diria eu, exclusivos da modernidade – o esnobismo da estupidez e o esnobismo da ignorância? Que razão faz com que tantos dos nossos contemporâneos sejam tão ansiosos por serem considerados incultos? Já especulei muitas vezes. Eis aqui, até onde possam ter algum valor, as conclusões às quais me levaram essas especulações.

O esnobismo-da-estupidez e o esnobismo-da-ignorância são os frutos da educação universal. Daí – porque não pode haver fruto sem árvore – seu bem recente aparecimento. A árvore da educação universal foi plantada somente cinquenta anos atrás. Só agora ela está começando a render.

Sob a velha dispensação, algumas pessoas que poderiam ter tirado proveito da educação permaneceram sem ensino; outras, incapazes de obter muito com uma instrução elaborada, foram mesmo assim (graças ao acidente de seus nascimentos) elaboradamente instruídas. De um modo geral, contudo, aqueles que poderiam tirar proveito da educação costumavam acabar sendo educadas. Pois aqueles que podem tirar proveito da educação desenvolvem, via de regra – alguns na infância, alguns na adolescência –, um intenso desejo de receber educação. Quando um desejo é intenso o bastante, quase sempre ele é realizado. A classe educada dos tempos medievais provavelmente continha uma boa proporção de indivíduos proveitosamente educáveis (pelo menos no sexo masculino) distribuídos ao longo da população.

O mérito de um sistema de educação universal é que ele proporciona para todos os indivíduos proveitosamente educáveis uma chance de receber a instrução por meio da qual eles, e talvez através deles a sociedade também, irão tirar proveito. Ao mesmo tempo, no entanto, ela aumenta em vasta escala o número daqueles que não podem tirar muito proveito da educação, mas que mesmo assim são mais ou menos elaboradamente instruídos.

Quando a cultura era restrita aos poucos, ela tinha uma raridade comparável à das pérolas ou do caviar. As eras douradas do esnobismo-da-cultura foram as eras negras da educação. Quando afinal foi concedida aos Muitos a educação que, quando era restrita aos Poucos, parecera tão preciosa, tão magicamente eficaz, eles constataram com grande rapidez que o presente não valia tanto assim quanto haviam imaginado – constataram que, na verdade, não havia nada nele. E, de fato, para a grande maioria dos homens e das mulheres, sem nenhuma dúvida *não há* nada na cultura. Absolutamente nada – nem satisfações espirituais e tampouco recompensas sociais. Não há satisfações espirituais porque as pessoas, na maior parte (talvez afortunadamente), não são dotadas da mentalidade curiosa daquelas que conseguem extrair prazer das abstrações e infatualidades de uma educação liberal. E não há recompensas sociais porque, num mundo onde todos são educados, o mero fato de ter ido à escola automaticamente deixa de ser uma chave para o sucesso. Sob um sistema de educação universal, recompensas sociais tenderão a favorecer somente aqueles que possuem tanto talento quanto instrução. Os Muitos instruídos porém desprovidos de talento acabam se saindo tão mal quanto se saíam antes.

Democratas profissionais continuam prescrevendo educação e mais educação ainda como um remédio para cada problema social e individual. Para essas pessoas, ao que parece, a educação é mais do que um simples medicamento; é uma espécie de elixir mágico. O homem só precisa beber a quantidade suficiente para ser transformado em algo sobre-humano.

"Damas e cavalheiros", começa com fervor o curandeiro. As pessoas ouvem, um tanto apaticamente; já ouviram esse tipo de coisa antes. Mas quando o benfeitor da humanidade estende mais um frasco de sua mistura, elas o aceitam, tomam sua dose e aguardam com esperança pelos efeitos. Não surge, como de hábito, nenhum efeito. Alguém começa a rir. "Não há nada nisso", diz uma voz bastante vulgar. Indignado, o benfeitor da humanidade apresenta certificados autênticos de John Stuart Mill, Francis Bacon e São Tomás de Aquino. Em vão. A multidão não acredita neles. E por que motivo eles acreditariam? Eles tiveram a experiência pessoal da ineficácia do elixir. "Não há nada nisso", repete a voz vulgar e ressentida. Os esnobismos da estupidez e da ignorância tiveram seu nascimento.

A educação universal ainda está em sua infância; mas os frutos dessa jovem árvore – ah, como já são espantosamente grandes! A rapidez de seu crescimento não nos causará tanta surpresa, no entanto, quando lembrarmos o amável carinho com o qual foram cultivados. A educação os gerou; mas à Indústria cabe o crédito de sua nutrição consciente e inteligente.

Se por algum milagre os sonhos dos pedagogistas fossem realizados e a maioria dos seres humanos começasse a desenvolver um exclusivo interesse pelas coisas da mente, o sistema industrial inteiro entraria em colapso de imediato. Com o fato concreto do maquinário moderno, não pode haver prosperidade industrial sem produção em massa. A produção em massa é impossível sem consumo em massa. Sendo as coisas como são, o consumo varia numa escala inversa em relação à intensidade da vida mental. Um homem cujos exclusivos interesses são as coisas da mente ficará bastante feliz (na frase de Pascal) sentado quieto num quarto. Um homem que não tem nenhum interesse nas coisas da mente ficará entediado até a morte se tiver de sentar quieto num quarto. Sem dispor de pensamentos com os quais distrair-se, ele precisa adquirir coisas para lhes ocupar o lugar; incapaz de uma viagem mental, ele precisa se mover com o corpo. Numa palavra, ele é o consumidor ideal, o consumidor em massa dos objetos e do transporte.

Ora, é obviamente do interesse dos produtores industriais encorajar o bom consumidor e desencorajar o ruim. Isso eles fazem por meio da publicidade e da enorme propaganda jornalística que sempre acompanha a publicidade com grande gratidão. Aqueles que se sentam quietos em quartos com nada exceto seus pensamentos e talvez um livro para diverti-los são representados como infelizes, ridículos e até mesmo imorais. A felicidade é um produto do ruído, da companhia, do movimento e da posse de objetos. Quanto mais barulho você ouvir, quanto mais pessoas você tiver ao seu redor, quanto mais rápido você se mover e mais objetos possuir, tão mais feliz você será – mais feliz e também mais normal e virtuoso. No moderno estado industrial, eruditos, sendo consumidores ruins, são maus cidadãos. Vida longa à estupidez e à ignorância!

Cultivados pela propaganda dos industrialistas, os frutos da educação universal brotaram e incharam, como repolhos no sol perpétuo de um verão ártico. Os novos esnobismos da estupidez e da ignorância são agora fortes o bastante para entrar em guerra, ao menos em termos de igualdade, com o velho esnobismo-da-cultura. Porque ainda, como absurdo anacronismo, o bom e velho esnobismo-da-cultura sobrevive bravamente. Cairá ele perante seus inimigos? E, bem mais importante, cairá também a cultura que ele defende com tamanho heroísmo, de um modo tão ridículo? Espero, até mesmo me arrisco a pensar, que não. Sempre existirão algumas poucas pessoas para quem as coisas da mente são tão vitais e importantes que elas não irão, simplesmente não poderão permitir uma derrota.

"Mas sempre existirão tais pessoas?", pergunta um demônio irônico. "E o que dizer do crescimento anual nos números dos deficientes mentais? E o que dizer da demonstração de R.A. Fisher sobre de que maneira uma sociedade que mede o sucesso em termos econômicos precisa fatal e inevitavelmente eliminar todas as habilidades hereditárias acima do normal?"

Ignoremos o demônio; ou melhor, esperemos com grande devoção que algo possa ser feito a respeito dele antes que seja tarde demais. Enquanto isso, a batalha entre os esnobismos rivais se alastra com efeitos cômicos. A luta é ainda um logro; até aqui não há nenhuma real perseguição a eruditos. Nós estamos a salvo. Mas mesmo no atual estado das coisas ocorrem deserções e traições por atacado. O mero desprezo de Caliban* é suficiente para fazer com que centenas de eruditos reneguem, envergonhados, sua natureza e criação.

"Vocês são cultos", Caliban aponta o dedo acusador. "Vocês são inteligentes."

"Mas não! Como você diz uma coisa dessas?"

"Eu ouvi distintamente a palavra 'Mantegna'."

"Impossível!"

"Pois eu ouvi." Caliban é inexorável.

Os eruditos balançam suas cabeças. "Então deve ter sido um deslize. O que queríamos dizer era 'gim'."

---

* Escravo de *A tempestade*, de Shakespeare. (N.E.)

O NOVO ROMANTISMO

Os românticos foram alvo de uma bela quantidade de diversos abusos. Os classicistas os repreenderam por sua extravagância histérica. Os realistas os chamaram de mentirosos e covardes que têm medo da verdade desagradável. Os moralistas desaprovaram sua exaltação da paixão e da emoção. Os filósofos reclamaram de seu preconceito no tocante à razão e de seu apelo a um misticismo simplório. Socialistas e crentes na autoridade ficaram descontentes com seu individualismo. Cada inimigo joga um tijolo diferente. Mas tijolos podem ser atirados de volta. Os românticos podem retorquir aos classicistas que eles são enfadonhos e racionalmente frios; aos realistas que eles são exclusivamente preocupados com esterco e lucro; aos moralistas que seu ideal de mera repressão é estúpido, porque sempre fracassado; aos filósofos que sua famosa Razão Pura não os deixou nem um pouco mais perto da solução para o enigma cósmico do que o Puro Instinto de uma vaca; e aos autoritários e socialistas que seu coletivismo e tirania de estado são no mínimo tão artificiais quanto o individualismo ilimitado. Panelas e chaleiras podem brigar; mas a cor de ambas, como diz o provérbio, é a mesma. A maioria dos inimigos do romantismo é, à sua maneira, tão extravagante e unilateral (ou seja, tão romântica) quanto os próprios românticos.

As atividades da nossa época são incertas e multifacetadas. Nenhuma tendência literária, artística ou filosófica predomina de modo isolado. Há uma babel de conceitos e teorias conflitantes. Mas em meio a toda essa confusão generalizada é possível reconhecer uma melodia curiosa e significativa, repetida em diferentes tonalidades e por diferentes instrumentos em cada uma das babéis subsidiárias. É a música do nosso romantismo moderno.

Surgirá o imediato protesto de que nenhuma época poderia ser menos semelhante à dos genuínos românticos do que a nossa. E com essa objeção eu me apresso a concordar. O romantismo moderno não é em nenhuma medida semelhante ao romantismo de Moore e Musset e Chopin, sem falar no romantismo de Shelley, de Victor Hugo, de Beethoven. De fato, é um romantismo em tudo oposto ao deles. O romantismo moderno é o velho romantismo virado do avesso, com todos os seus valores invertidos. Seu mais é o moderno menos; o bom moderno é o velho ruim. O que antes era preto é agora branco, o que era branco é agora preto. O nosso romantismo é o negativo fotográfico daquele que floresceu durante os anos correspondentes do século passado.

É na esfera da política que a diferença entre os dois romantismos é mais imediatamente visível. Os revolucionários de cem anos atrás eram democratas e individualistas. Para eles, o valor político supremo era uma liberdade pessoal que Mussolini descreveu como um corpo em decomposição e que os bolcheviques ridicularizam como um ideal inventado por e para a burguesia ociosa. Os homens que fizeram agitações pelo projeto da Reforma Inglesa de 1832, que engendraram a revolução parisiense de 1830, eram liberais. O individualismo e a liberdade eram os bens derradeiros que eles buscavam. A meta da Revolução Comunista na Rússia foi privar o indivíduo de todos os direitos, todos os vestígios de liberdade pessoal (incluindo a liberdade de pensamento e o direito de ter uma alma), e transformá-lo numa célula componente do grande "Homem Coletivo" – o singular monstro mecânico que, no milênio bolchevique, deverá tomar o lugar das hordas não controladas de indivíduos "estorvados-por-almas" que hoje habitam a Terra. Para o bolchevique, existe um quê de hediondo e indecoroso no espetáculo de algo tão "caoticamente vital", tão "misticamente orgânico" quanto um indivíduo com uma alma, com gostos pessoais, com talentos especiais. Os indivíduos devem ser organizados num processo de anulação; o estado comunista requer não homens, mas catracas e engrenagens no enorme "mecanismo coletivo". Para o idealista bolchevique, a Utopia é indistinguível de uma das fábricas do sr. Henry Ford. Não é o bastante, aos olhos deles, que os homens trabalhem apenas oito horas por dia sob a disciplina da oficina. A vida fora da fábrica deve ser idêntica à vida do lado de dentro. O lazer deve ser tão altamente organizado quanto a labuta. No Reino dos Céus Cristão os homens só poderão entrar caso tenham se tornado criancinhas. A condição para sua entrada no Paraíso Terreno Bolchevique é que tenham se tornado máquinas.

Para que ninguém imagine que eu caricaturizei a doutrina comunista, vou referir aos meus leitores os numerosos documentos originais citados por Herr Fulop-Miller em seu muito interessante livro sobre a vida cultural da Rússia soviética, *A mente e o rosto do bolchevismo.* Eles mostram com clareza suficiente que as doutrinas políticas elaboradas por Lenin e seus seguidores são a exata antítese do liberalismo revolucionário pregado por Godwin e cantado em ditirambo por Shelley cem anos atrás. Godwin e Shelley acreditavam no individualismo puro. Os bolcheviques acreditam no coletivismo puro. Uma crença tem tanto romantismo extravagante quanto a outra. Os homens não conseguem viver fora da sociedade e sem organização. Porém, da mesma forma, não conseguem viver sem uma módica dose de privacidade e liberdade pessoal. O idealismo exclusivo de Shelley nega os fatos óbvios da biologia humana e da economia. O materialismo exclusivo de Lenin nega os fatos não menos óbvios e primários das imediatas experiências espirituais dos homens. Os liberais revolucionários eram românticos na sua recusa em admitir que o homem era um animal social tanto quanto uma alma individual. Os bolcheviques são românticos na negação de que o homem seja qualquer coisa mais do que um animal social, passível de ser transformado por meio de treinamento apropriado numa máquina perfeita. Ambos são extravagantes e unilaterais.

O romantismo moderno não é de maneira nenhuma restrito à Rússia ou à política. Ele infiltrou-se no pensamento e nas artes de todos os países. O comunismo não se impôs em nenhum lugar fora das fronteiras da Rússia; mas a romântica depreciação dos valores espirituais e individuais por parte dos bolcheviques afetou, em maior ou menor grau, a literatura e a arte "jovens" de todos os povos ocidentais. Assim, toda essa tendência "cubista" na arte moderna (em relação à qual, ficamos gratos ao perceber, pintores e escultores parecem estar dando mostras de uma reação bastante generalizada) é profundamente sintomática da revolta contra a alma e o indivíduo à qual os bolcheviques deram expressão prática e política, bem como artística. Os cubistas deliberadamente eliminaram de sua arte tudo que é "misticamente orgânico", substituindo tudo por sólida geometria. Eles eram os inimigos de todo "sentimentalismo" (uma palavra favorita no vocabulário de insulto dos bolcheviques), de toda mera literatura – isto é, de todos os valores espirituais e individuais que dão importância à vida individual. A arte, eles proclamaram, é uma questão de forma pura. Um quadro cubista é algo onde tudo que poderia ser atraente à alma individual, enquanto alma, foi omitido. Ele é dirigido exclusivamente (e dirigido muitas vezes, temos de admitir, com habilidade consumada) a um abstrato Homem Estético, que apresenta tanta relação com o ser humano real e complexo quanto apresentam o Homem Econômico dos socialistas ou o componente mecanizado do Homem Coletivo bolchevique.

A desumanização da arte por parte dos cubistas costuma ser acompanhada por uma romântica e sentimental admiração das máquinas. Fragmentos de maquinaria são disseminados com generosidade na pintura moderna como um todo. Há escultores que tentam laboriosamente reproduzir as formas inventadas por engenheiros. A ambição dos arquitetos vanguardistas é tornar casas de moradia indistinguíveis de fábricas; segundo a frase de Le Corbusier, uma casa é uma "máquina na qual se vive".

Escritores "jovens" têm tanto apreço por maquinaria quanto artistas "jovens". Os ditirambos de louvor à maquinaria que jorraram, em verso livre, do centro-oeste americano! No continente europeu, escritores vanguardistas inventaram, para seu próprio deleite, inteiramente fabulosas versões de Chicago e Nova York, nas quais toda casa é um arranha-céu e todo arranha-céu é uma fábrica cheia de maquinismos cujo funcionamento é constante; nas quais existem ferrovias elevadas em todas as ruas, aviões circulando em torno de todos os topos de chaminé, letreiros elétricos nas alturas de todas as paredes em branco, carros motorizados nunca fazendo menos do que cem quilômetros por hora, e um ruído como sete pandemônios. Eis aqui uma tradução dos versos de Maiakóvski sobre Chicago:

Chicago: Cidade
Construída num parafuso!
Cidade eletro-dínamo-mecânica!
Formatada em espiral –
Num disco de aço –
De uma em uma hora
Girando em seu eixo!
Cinco mil arranha-céus –
Sóis de granito!
As Praças –
Com quilômetros de altura, galopam rumo ao céu,
Fervilhando com milhões de homens,
Tecidas por cabos de aço,
Broadways voadoras...

As descrições do Oriente feitas por Tom Moore em *Lalla Rookh* são bem menos fantasticamente românticas do que isso.

A paixão por máquinas, tão característica da arte moderna, é uma espécie de regressão a algo que eu posso chamar de segunda meninice. Aos doze anos nós somos todos loucos por locomotivas, mecanismos de navios, máquinas operatrizes. Era a ambição de cada um de nós ser um foguista, um maquinista – qualquer coisa, contanto que o nosso trabalho acarrete contato permanente com a adorada máquina. Depois de crescer, contudo, a maioria de nós constatou que as almas humanas são realmente mais curiosas e interessantes do que até mesmo o mais elaborado mecanismo. O artista moderno parece ter decrescido; ele retornou às preocupações de sua infância. Ele está tentando ser um primitivo. Assim, poderá ser lembrado, era o romântico Rousseau. Mas ao passo que o selvagem de Rousseau era bom, refinado e inteligente, o primitivo com o qual os nossos artistas modernos gostariam de ser parecidos é uma mistura entre o rufião dos cortiços, o negro africano e o aluno de quinze anos. Os nossos Rousseaus modernos desdenham a psicologia (com quanta violência Proust foi atacado por todos os jovens realmente vanguardistas de Paris!); eles zombam da metafísica sob qualquer forma; desprezam a razão e a ordem, e embora continuem, sem nenhuma lógica, a escrever e pintar, encaram toda e qualquer arte como uma perda de tempo. A vida ideal, aos olhos deles, é uma vida na qual existe uma abundância de esporte, barulho, maquinaria e agitação social.

Pessoalmente, não tenho grande apreço por nenhum dos romantismos. Se me fosse absolutamente necessário escolher entre eles, creio que eu escolheria o mais velho. Um exagero da importância da alma e do indivíduo, em detrimento da matéria, da sociedade, da maquinaria e da organização, parece-me ser um exagero na direção certa. O novo romantismo, até onde posso ver, encaminha-se direto rumo à morte. (Mas isso que eu chamo de morte seria chamado pelos novos românticos de vida, e vice-versa.) Não, se eu pudesse decidir como bem entendesse, eu não escolheria nenhum dos romantismos; eu votaria pela adoção de uma via intermediária entre eles. A única filosofia de vida que tem qualquer perspectiva de ser permanentemente valiosa é uma filosofia que leva em conta todos os fatos – os fatos da mente *e* os fatos da matéria, do instinto *e* do intelecto, do individualismo *e* da sociabilidade. O homem sábio evitará ambos os extremos do romantismo e escolherá a realista doutrina do meio-termo.

ESNOBISMOS SELECIONADOS

Todos os homens são esnobes a respeito de alguma coisa. Fica-se quase tentado a acrescentar: não existe nada que não possa fazer os homens se sentirem esnobes. Mas isso seria sem dúvida um exagero. Existem certas doenças desfigurantes e mortais sobre as quais provavelmente jamais houve qualquer esnobismo. Não consigo imaginar, por exemplo, que existam esnobes-da-lepra. Doenças mais pitorescas, mesmo quando são perigosas, e doenças menos perigosas, particularmente quando são as doenças dos ricos, podem ser e com frequência são uma fonte de esnobe autoimportância. Conheci diversos adolescentes esnobes-da-tuberculose, os quais pensavam que seria romântico desvanecer na flor da juventude, como Keats ou Marie Bashkirtseff. Infelizmente, os estágios finais do desvanecimento tuberculoso são em geral bem menos românticos do que esses ingênuos jovens esnobes-do-tubérculo parecem imaginar. Para qualquer um que tenha de fato testemunhado tais estágios finais, o poetizar complacente desses adolescentes deve parecer tão irritante quanto é profundamente patético. No caso dos esnobes-de-doença mais comuns cuja pretensão à distinção é que eles sofrem de uma das moléstias dos ricos, a exasperação não é temperada por muita simpatia. As pessoas que gozam de ócio suficiente, riqueza suficiente – sem falar de saúde suficiente – para sair viajando de spa para spa, de um médico da moda para outro na intenção de curar doenças problemáticas (as quais, na medida em que sequer chegam a existir, provavelmente têm sua origem numa comilança excessiva) não podem esperar de nós que sejamos muito pródigos em nossa solicitude ou piedade.

O esnobismo-de-doença é apenas um em meio a uma grande multidão de esnobismos, dos quais ora uns, ora outros assumem o lugar mais destacado na estima geral. Porque os esnobismos têm seus fluxos e refluxos; seu império desponta, declina e cai num processo histórico muitíssimo comprovado. Os esnobismos que eram bons cem anos atrás estão agora fora de moda. Assim, o esnobismo da família está em toda parte sofrendo um declínio. O esnobismo da cultura, ainda forte, agora precisa combater um organizado e ativo ignorantismo, um esnobismo da ignorância e da estupidez sem igual, até onde eu sei, em toda a história. Dificilmente menos característico da nossa época é o repulsivo esnobismo-de-bebida nascido da Lei Seca americana. As influências maléficas desse esnobismo estão se alastrando com grande velocidade pelo mundo todo. Mesmo na França, onde a existência de tantas variedades de delicioso vinho até aqui impôs um judicioso conhecimento especializado e levou à classificação do mero ato de beber como um solecismo bestial, mesmo na França o esnobismo-de-bebida americano, com seus detestáveis acompanhamentos – um gosto por bebidas fortes em geral e por coquetéis em particular –, está prosperando entre os ricos. O esnobismo-de-bebida tornou agora socialmente permissível, e em alguns círculos até bastante meritório, a homens bem-educados e (esta é a novidade) mulheres bem-educadas de todas as idades, dos quinze aos setenta anos, que sejam vistos bêbados – se não em público, pelo menos na muito moderada privacidade de uma festa.

O esnobismo-de-modernidade, embora não seja exclusivo da nossa época, acabou por adquirir uma importância sem precedentes. As razões são simples e de um caráter estritamente econômico. Graças à maquinaria moderna, a produção está ultrapassando o consumo. O desperdício organizado entre os consumidores é a primeira condição da nossa prosperidade industrial. Quanto mais cedo o consumidor joga fora o objeto que comprou e compra outro, tanto melhor para o produtor. Ao mesmo tempo, é claro, o produtor deve fazer a sua parte, não produzindo nada senão os mais perecíveis artigos. "O homem que constrói um arranha-céu para durar mais do que quarenta anos é um traidor do negócio da construção." As palavras são de um grande empreiteiro americano. Substitua carro motorizado, bota, conjunto de roupas etc. por arranha-céu, e um ano, três meses, seis meses e assim por diante por quarenta anos, e você terá o evangelho de qualquer líder de qualquer indústria moderna. O esnobe-de-modernidade, é óbvio, é o melhor amigo desse industrial. Porque os esnobes-de-modernidade tendem naturalmente a jogar fora seus velhos pertences e comprar novos num ritmo maior do que aqueles que não são esnobes-de-modernidade. Portanto, é do interesse do produtor incentivar o esnobismo-de-modernidade, o que ele de fato faz – numa uma escala gigantesca e na ordem de milhões e milhões por ano – por meio da publicidade. Os jornais fazem o melhor que podem para ajudar aqueles que os ajudam; e à inundação de publicidade se soma uma inundação de propaganda menos diretamente paga em favor do esnobismo-de-modernidade. O público é ensinado que estar atualizado é um dos primeiros deveres do homem. Dócil, o público aceita essa reiterada sugestão. Nós somos todos esnobes-de-modernidade agora.

Nós também somos, na maioria, esnobes-de-arte. Existem duas variedades no esnobismo-de-arte: a platônica e a não platônica. Esnobes-de-arte platônicos apenas "se interessam" por arte. Esnobes-de-arte não platônicos vão mais longe e de fato compram arte. O esnobismo-de-arte platônico é um ramo do esnobismo--de-cultura. O esnobismo-de-arte não platônico é um híbrido ou animal mestiço, pois é simultaneamente uma subespécie do esnobismo-de-cultura e do esnobismo--de-posse. Uma coleção de obras de arte é uma coleção de símbolos-de-cultura, e símbolos-de-cultura ainda carregam prestígio social. É também uma coleção de símbolos-de-riqueza. Porque uma coleção de arte pode representar dinheiro de forma mais eficaz do que uma frota inteira de veículos motorizados.

O valor do esnobismo-de-arte para artistas vivos é considerável. É verdade, a maioria dos esnobes-de-arte coleciona somente as obras dos mortos; pois um Velho Mestre é ao mesmo tempo um investimento mais seguro e um símbolo-de-cultura mais sagrado do que um mestre vivo. Mas alguns esnobes-de-arte são também esnobes-de-modernidade. Há um número suficiente deles, com os poucos excêntricos que gostam de obras de arte por si só, para fornecer aos artistas vivos o seu meio de subsistência.

O valor do esnobismo em geral, seu "ponto" humanista, consiste no seu poder de estimular atividade. Uma sociedade com abundância de esnobismos é como um cão com abundância de pulgas: não é provável que se torne comatosa. Cada esnobismo exige de seus devotos esforços incessantes, uma sucessão de sacrifícios. O esnobe-de-sociedade precisa matar um leão por dia; o esnobe-de-modernidade jamais pode descansar na sua busca por atualização. Médicos suíços e o melhor que já foi pensado ou dito devem ser dia e noite as preocupações de todos os esnobes de, respectivamente, doença e cultura.

Se considerarmos a atividade como sendo em si um bem, então temos de encarar todos os esnobismos como bons, porque todos provocam atividade. Se, com os budistas, consideramos todas as atividades neste mundo de ilusão como ruins, vamos condenar todos os esnobismos de uma só vez. Quase todos nós, eu suponho, assumimos a nossa posição em algum lugar entre os dois extremos. Consideramos algumas atividades como boas, outras como medianas ou totalmente ruins. A nossa aprovação só será concedida para os esnobismos que estimularem o que nós consideramos as melhores atividades; os outros nós iremos ou tolerar ou detestar. Por exemplo: a maioria dos intelectuais profissionais aprovará o esnobismo-de-cultura (mesmo desprezando intensamente a maioria dos esnobes-de-cultura individuais), porque ele obriga os filisteus a demonstrar pelo menos um ligeiro respeito pelas coisas da mente e assim ajuda a tornar o mundo menos perigosamente inseguro para ideias do que poderia ter sido de outra forma. Um fabricante de veículos motorizados, por outro lado, irá classificar o esnobismo das posses acima do esnobismo-de-cultura; ele dará o melhor de si para convencer as pessoas de que aqueles que têm menos posses, sobretudo posses em quatro rodas, são inferiores aos que têm mais posses. E assim por diante. Cada hierarquia culmina em seu próprio papa particular.

A INDÚSTRIA DA BELEZA

A única indústria americana não afetada pela depressão geral do comércio é a indústria da beleza. As mulheres americanas continuam a gastar, com seus rostos e corpos, tanto quanto gastavam antes da chegada da crise – mais ou menos 3 milhões de libras por semana. Esses fatos e números são "oficiais", e podem ser aceitos como sendo substancialmente verdadeiros. Lendo-os, eu fiquei surpreso apenas com a comparativa pequenez dos montantes despendidos. Pensando no prodigioso número de anúncios publicitários sobre auxílios à beleza contidos nas revistas americanas, eu tinha imaginado que o negócio da aparência pessoal devia estar situado nas alturas, em meio aos campeões da indústria americana – algo igual, ou somente um pouco menos do que igual, a contrabando e extorsão, filmes e automóveis. Mesmo assim, 156 milhões de libras por ano é uma bela soma. Um tanto mais do que o dobro das receitas da Índia, se bem me lembro.

Eu não sei quais são os números europeus. Muito menores, sem dúvida. A Europa é pobre, e um rosto pode custar tanto em manutenção quanto um Rolls-Royce. O máximo que a maioria das mulheres europeias pode fazer é apenas lavar o rosto e ter esperanças de manter-se bonita. Talvez o sabonete acabe produzindo os seus efeitos anunciados com estardalhaço; talvez ele transforme as mulheres europeias à semelhança daquelas criaturas encantadoras que sorriem rosadas e cremosas, com suas peles aveludadas e peroladas, em todas as placas publicitárias.

Talvez, por outro lado, pode ser que não transforme. Em todo caso, os experimentos mais caros em embelezamento ainda estão muito além dos recursos da maioria dos europeus, como estão os carros a motor de alta potência e os refrigeradores elétricos. Até mesmo na Europa, no entanto, muito mais é gasto agora com beleza do que jamais foi gasto no passado. Não é tanto assim quanto na América, vale dizer. Contudo, em todos os lugares o aumento tem sido, sem nenhuma dúvida, enorme.

O fato é significativo. Ele é devido a quê? Em parte, eu suponho, a um crescimento generalizado na prosperidade. Os ricos sempre cultivaram sua aparência pessoal. A difusão da riqueza – nas condições atuais – permite agora que aqueles entre os pobres que estejam menos mal do que seus pais façam o mesmo.

Mas essa não é, claramente, a história toda. O moderno culto da beleza não é exclusivamente uma função (no sentido matemático) da riqueza. Se fosse, então as indústrias da aparência pessoal teriam sido tão duramente atingidas pela depressão do comércio quanto qualquer outro negócio. Entretanto, como vimos, elas nada sofreram. As mulheres estão fazendo economia em outras coisas que não seus rostos. O culto da beleza deve, portanto, ser sintomático de mudanças que ocorreram fora da esfera econômica. De quais mudanças? Das mudanças, eu sugiro, na condição das mulheres; das mudanças na nossa atitude em relação ao "meramente físico".

As mulheres, é óbvio, são mais livres do que no passado. Mais livres não apenas para executar as invejáveis funções sociais geralmente até aqui reservadas ao sexo masculino, mas também mais livres para exercer o mais agradável e feminino privilégio de ser atraentes. Elas têm o direito se não de *ser* menos virtuosas do que suas avós, de qualquer forma de *parecer* menos virtuosas. A Matrona Britânica, não muito tempo atrás uma criatura de aspecto austero e até aterrorizante, agora faz o seu melhor para alcançar e perenemente preservar a aparência daquilo que a sua predecessora teria descrito como uma Mulher Perdida. Ela muitas vezes consegue. Mas não ficamos chocados – de qualquer forma, não ficamos moralmente chocados. Esteticamente chocados – sim; isso nós podemos às vezes ficar. Mas moralmente, não. Concedemos que a Matrona é moralmente justificada em estar preocupada com a sua aparência pessoal. Essa concessão depende de uma outra de natureza mais geral – uma concessão ao Corpo, com um C maiúsculo, ao princípio maniqueísta do mal. Porque agora nós chegamos à admissão de que o corpo tem os seus direitos. E não apenas direitos – deveres, com efeito deveres. O corpo tem, por exemplo, o dever de fazer o melhor que pode por si mesmo em matéria de força e beleza. Ideias cristãs-acéticas já não nos incomodam. Exigimos justiça para o corpo bem como para a alma. Daí surgem, entre outras coisas, as fortunas acumuladas por fabricantes de creme facial e por especialistas em beleza, pelos vendedores de cintos redutores de borracha e máquinas massageadoras, pelos donos das patentes de loções capilares e os autores de livros sobre a cultura do abdômen.

Quais são os resultados práticos desse moderno culto da beleza? Os exercícios e a massagem, os motores da saúde e os alimentos da pele – para onde eles nos levaram? Por acaso as mulheres estão mais bonitas do que eram antes? Será que elas ganham alguma coisa com esse enorme gasto de energia, tempo e dinheiro exigido delas pelo culto à beleza? Essas são questões difíceis de responder, pois os fatos parecem se contradizer. A campanha por maior beleza física parece ser ao mesmo tempo um tremendo sucesso e um fracasso lamentável. Depende de como você encara os resultados.

É um sucesso na medida em que mais mulheres mantêm a sua aparência juvenil numa idade maior em comparação com o passado. "Velhinhas" já estão se tornando raras. Em poucos anos, podemos muito bem acreditar, elas estarão extintas. Cabelos brancos e rugas, costas encurvadas e bochechas encovadas virão a ser consideradas medievalmente antiquadas. A velhota do futuro será áurea, com cabelos encaracolados e lábios de cereja, com tornozelos finos e esbelta. O Retrato da Mãe do Artista vai acabar sendo quase indistinguível, em futuras exposições, do Retrato da Filha do Artista. Essa desejável consumação será devida em parte aos alimentos da pele e às injeções de cera de parafina, à cirurgia facial, aos banhos de lama e à tintura, e em parte a uma melhoria na saúde, devida por sua vez a um modo de vida mais racional. A feiura é um dos sintomas da doença; a beleza, da saúde. Na medida em que a campanha por mais beleza for também uma campanha por mais saúde, ela será admirável e, até certo ponto, genuinamente bem-sucedida. A beleza que é apenas a sombra artificial desses sintomas de saúde é intrinsecamente de pior qualidade do que o artigo genuíno. Ainda assim, é uma imitação boa o bastante a pessoa ser às vezes confundível com a coisa real. Os aparelhos para mimetizar os sintomas de saúde estão agora dentro do alcance de qualquer pessoa medianamente próspera; o conhecimento do procedimento pelo qual a saúde real pode ser obtida está crescendo, e com o tempo, sem dúvida, será universalmente colocado em prática. Quando chegar esse momento feliz, será que todas as mulheres serão bonitas – tão bonitas, de qualquer maneira, quanto a forma natural de suas feições, com ou sem ajuda cirúrgica e química, permite?

A resposta é enfática: "Não". Porque a verdadeira beleza é um assunto tanto do eu interior quanto do eu exterior. A beleza de um jarro de porcelana é uma questão de forma, de cor, de textura da superfície. O jarro pode estar vazio ou habitado por aranhas, cheio de mel ou de lodo fedorento – isso não faz nenhuma diferença na sua beleza ou feiura. Mas uma mulher é viva, e a sua beleza não é, portanto, superficial. A superfície do vaso humano é afetada pela natureza do seu conteúdo espiritual. Já vi mulheres que, para os padrões de um conhecedor de porcelana, eram arrebatadoramente adoráveis. Sua forma, sua cor, sua textura de superfície eram perfeitas. E no entanto elas não eram bonitas. Porque o vaso adorável era ou vazio ou cheio de alguma corrupção. O vazio espiritual ou a feiura espiritual transparecem. E de modo inverso há uma luz interior capaz de transfigurar formas que o puro esteticista iria considerar imperfeitas ou completamente feias.

Existem inúmeras formas de feiura psicológica. Há uma feiura da estupidez, por exemplo, da ignorância (tristemente comum entre as mulheres bonitas). Uma feiura também da ganância, da lascívia, da avareza. Todos os pecados capitais, de fato, apresentam a sua própria negação peculiar da beleza. Nos rostos bonitos, sobretudo daquelas que estão tentando ter uma contínua "diversão", o observador vê muitas vezes uma espécie de mau humor entediado que lhes arruína todo o charme. Eu me lembro em especial de duas jovens americanas que certa vez conheci no Norte da África. Do ponto de vista do especialista em porcelana, elas eram bonitas. Mas o mau humor entediado de que falei estava tão profundamente estampado em seus rostos frescos, seu modo de andar e seus gestos expressavam uma indiferença tão cansada, que era insuportável olhar para elas. Aquelas requintadas criaturas eram positivamente repulsivas.

Ainda mais comum e não menos repelente é a dureza que estraga tantos rostos bonitos. Muitas vezes, é verdade, esse ar de dureza é devido não a causas psicológicas, mas ao hábito contemporâneo da maquiagem excessiva. Em Paris, onde é mais acentuada essa maquiagem excessiva, muitas mulheres simplesmente deixaram de parecer humanas. Caiadas de branco e marcadas de almagre, elas parecem estar usando máscaras. É preciso olhar de perto para descobrir o rosto macio e vivo que há embaixo. Mas muitas vezes o rosto não é macio, muitas vezes ele acaba por ser imperfeitamente vivo. A dureza e o amortecimento surgem de dentro. São os sinais exteriores e visíveis de alguma desarmonia emocional ou instintiva, aceitos como uma condição crônica da existência. Nós não precisamos de um freudiano para nos dizer que essa desarmonia é com frequência de natureza sexual.

Enquanto tais desarmonias continuarem a existir, enquanto houver uma boa razão para o mau humor entediado, enquanto os seres humanos se permitirem ser possuídos e atormentados por vícios monomaníacos, o culto da beleza estará destinado a ser ineficaz. Exitosa em prolongar a aparência da juventude, em efetuar ou simular os sintomas de saúde, a campanha inspirada por esse culto continua sendo fundamentalmente um fracasso. Suas operações não tocam a fonte mais profunda da beleza – a alma que experimenta. Não é aprimorando alimentos da pele ou rolos de cabelo, barateando motores de saúde ou depiladores elétricos que a raça humana ficará bonita; não é nem mesmo melhorando a saúde. Todos os homens e mulheres serão bonitos apenas quando os arranjos sociais proporcionarem a cada um deles a oportunidade de viver completa e harmoniosamente, quando não houver nenhum incentivo ambiental e nenhuma tendência hereditária para o vício monomaníaco. Em outras palavras, nunca todos os homens e mulheres serão bonitos. Mas poderão facilmente existir no mundo menos seres humanos feios do que agora. Precisamos nos contentar com uma esperança moderada.

AQUELES TOQUES PESSOAIS

Pouco tempo atrás a velha Inglaterra foi visitada por um emissário de um dos mais tremendamente prósperos entre os jornais americanos. Não divulgarei o nome do jornal. Basta dizer que sua circulação é uma coisa de milhões e que as páginas de matéria publicitária em todas as edições são, ou eram, antes da crise, contadas às centenas. O leitor paciente poderá descobrir, intercaladas com os anúncios publicitários, uma certa quantidade de ficção saudável e edificante, alguns artigos.

Foi em busca dessas acima mencionadas mercadorias – artigos – que o emissário veio à Inglaterra. No decorrer de um roteiro prolongado ele deve ter visitado quase todos os literatos na ilha. Eu tive a honra de constar entre os visitados. O jornal em questão, eu receio, chega raras vezes às minhas mãos e, mesmo quando chega, nunca o leio. (A vida, afinal de contas, é tão curta, o tempo voa de modo tão incontrolável e há tantas coisas interessantes para fazer e ver e aprender que um sujeito pode ser dispensado, eu creio, de folhear jornais cuja circulação ultrapassa 1 milhão.) Não sei, portanto, quanto sucesso resultou dos esforços do emissário para obter artigos na Inglaterra. Tudo que posso dizer com certeza é que ele ainda não recebeu um de mim. Eu gostaria que ele tivesse recebido, porque nesse caso eu teria recebido dele um belíssimo cheque em retribuição. Eu teria gostado do dinheiro. O problema foi que eu simplesmente não consegui escrever o artigo solicitado.

Eu já escrevi, no decorrer de uma enérgica carreira jornalística, artigos a respeito de uma extraordinária variedade de assuntos, da música à decoração doméstica, da política à pintura, de peças à horticultura e à metafísica. Acanhado a princípio quanto à minha capacidade, aprendi por fim a ter confiança. Acabei por acreditar que eu poderia, caso me pedissem, escrever um artigo sobre qualquer coisa. Mas eu estava errado. O artigo que o emissário do grande jornal americano exigia de mim era algo que para mim, eu constatei, seria impossível escrever. Não era que eu ignorasse o assunto sobre o qual ele me pedia para discorrer. A ignorância não é impedimento para o jornalista calejado, experiente o bastante para saber que uma hora de leitura numa biblioteca bem abastecida será suficiente para torná-lo mais aprofundado sobre o tema em questão do que 99 de cada cem dos seus leitores. Se tivesse sido apenas uma questão de ignorância, por essa altura eu já teria escrito uma dúzia de artigos e recebido, espero, uma dúzia de cheques. Não, não foi a falta de conhecimento o que me impediu de escrever. Eu não era ignorante quanto ao assunto do artigo proposto. Pelo contrário, eu sabia bastante a respeito – talvez eu soubesse demais. O emissário do grande jornal americano me pedira para escrever sobre mim.

Bem, existem certos aspectos a meu respeito sobre os quais eu não sentiria nenhuma hesitação em escrever. Eu não faria objeção, por exemplo, a explicar em palavras impressas as razões pelas quais não sou um Adventista do Sétimo Dia, pelas quais não gosto de jogar bridge, pelas quais prefiro Chaucer a Keats como poeta. Mas o emissário do grande jornal americano não queria que eu escrevesse sobre qualquer um desses aspectos a meu respeito. Ele queria que eu contasse para seu milhão de leitores uma entre duas coisas, fosse "Por que as mulheres não são nenhum mistério para mim" ou "Por que o casamento me converteu da minha crença no amor livre". (Estou citando as fórmulas com exatidão.) Meus protestos de que eu jamais acreditara no amor livre e de que as mulheres eram profundamente misteriosas para mim – não menos misteriosas, de toda forma, do que homens, cães, árvores, pedras e todos os outros objetos vivos ou inanimados deste mundo extraordinário – foram ignorados. Foi em vão que eu propus títulos alternativos; eles foram recusados no mesmo momento e com decisão. O milhão de leitores, segundo parecia, só tinha interesse por mim na medida em que eu tivesse sido iniciado nos mistérios de Afrodite, ou convertido da veneração do ilícito Eros à veneração de Himeneu*. Pensei no belo cheque e disse ao emissário do grande jornal americano que eu veria o que poderia fazer para satisfazer o milhão de leitores. Isso ocorreu muito tempo atrás, e eu não fiz nada; receio que nunca farei. Aquele belo cheque nunca irá chegar até a minha conta bancária.

O que me espantou e ainda me espanta (embora um homem sábio não se espante com nada) é que belos cheques similares tenham chegado até as contas bancárias de outros homens e mulheres literários. Porque o recebimento deles me parece ser, pessoalmente, uma impossibilidade. O próprio emissário do grande jornal americano admitiu a dificuldade da transação. "Na escrita de confissões pessoais", ele afirmou de maneira epigramática, "é difícil acertar o bom meio-termo entre a reticência e o mau gosto". E ele citou, como exemplo de reticência, o caso de uma senhora que havia se casado sucessivamente com um pugilista, um poeta, um duque italiano e um assassino, e cujas confissões pessoais eram

* Deus grego do casamento. (N.E.)

mesmo assim totalmente desprovidas de todo e qualquer interesse "humano". Eu não disse nada, mas refleti que as minhas confissões pessoais, se eu acabasse por fazê-las, não seriam nem um pouco menos completamente deficientes nos toques humanos, demasiado humanos, exigidos pelo milhão de leitores. Não tenho nenhuma intenção quanto ao mergulho no mau gosto quando estou escrevendo sobre outras pessoas, em particular sobre pessoas imaginárias. No tocante a mim, contudo, só consigo tolerar a reticência.

Mas nem todas as pessoas, segundo parece, compartilham do meu amor pela reticência. Do contato com o emissário do grande jornal americano, deduzi que nenhuma dificuldade era enfrentada em encontrar literatos que estivessem preparados para contar ao mundo as razões pelas quais seus casamentos eram fracassos ou sucessos, dependendo do caso; pelas quais eles praticavam ou não praticavam controle de natalidade; pelas quais – e com quanto fundamento experimental – eles acreditavam em poligamia ou poliandria; e assim por diante. Uma vez que nunca li esse específico grande jornal americano, não posso dizer o que já poderá ter sido revelado, em volume de megafone, em seu confessionário. Mas do contato com seu emissário eu deduzi que não havia quase nada que não tivesse sido revelado. Essas confissões, ele também me assegurou, eram muito populares. A circulação subira em 600 mil desde que tal publicação havia começado. Os leitores, segundo parecia, as consideravam muito úteis. Ele me deu a entender que escrevendo em profusão e com detalhes sobre as razões pelas quais as mulheres não eram nenhum mistério para mim eu estaria fazendo um grande Serviço Social, eu seria um Benfeitor da Humanidade. O relato das minhas experiências, ele disse, ajudaria milhões de leitores a resolverem seus próprios problemas íntimos; o meu exemplo lhes proporcionaria luz em trechos escuros e difíceis da Estrada da Vida. E assim por diante. Mais uma vez eu não disse nada.

A coisa mais complicada do mundo é entender, e, entendendo, permitir e perdoar os gostos de outras pessoas e os vícios de outras pessoas. Algumas pessoas, por exemplo, adoram uísque, mas gostariam de ver todos os infratores do sétimo mandamento jogados na prisão e todos os que dizem a verdade sobre tais infrações em palavras impressas condenadas à morte. Há outras, ao contrário, que amam a mulher do próximo e a verdade nua e crua, mas encaram os alcoólatras com repugnância física e horror moral. Leitores de ficção de revistas acham difícil simpatizar com aqueles cuja leitura favorita é a *Crítica da razão pura*. Tampouco conseguem aqueles cujo hobby é a física astral entender com facilidade a paixão de tantos dos seus semelhantes por assistir ao futebol e apostar em corridas de cavalo. De modo similar, visto que os meus próprios gostos tendem à reticência, acho difícil entender quem faz confissões. A mim ele parece um exibicionista, um monstro de impudicícia espiritual. Por sua vez, eu suponho, ele me considera detestavelmente egoísta, insociável e misantropo.

Mas a discussão dos gostos pessoais é infrutífera. "Eu gosto disto", assevera um; "Eu gosto daquilo", declara outro. Cada um está obviamente certo, cada um está proferindo uma verdade que não pode ser questionada, uma verdade que está além da lógica, imediata e forçosa. Alguns autores gostam de fazer confissões públicas; outros não gostam. Essas são as verdades primordiais e pessoais da questão. A moda poderá modificar um pouco a inclinação pessoal. Mais autores recorrem ao confessionário, hoje, do que recorriam no passado. Pois a

Confissão segue a moda, e a moda é forte o bastante para fazer com que os escritores cujos gostos nessa questão são neutros passem ao lado dos não reticentes.

O presente modismo da revelação pessoal é somente o último sintoma de uma grande tendência por parte da arte, flagrante na história recente, de se tornar mais pessoal. Nos tempos antigos as artes eram quase completamente anônimas. O artista trabalhava, mas sem esperar que os seus labores lhe trouxessem fama pessoal ou aquilo que é conhecido como "imortalidade". Considere a modesta aposentadoria do pintor de afrescos egípcio que passou sua vida produzindo obras-primas em tumbas nas quais nunca se pretendeu que algum olho vivo as visse. A literatura primitiva, em todos os países, é envolta num anonimato similar.

Foram os gregos que primeiro vincularam a obras de arte os nomes de seus autores, e foi entre eles que se tornou costumeiro artistas trabalharem em função da glória imediata e da memória imemorial. Foi entre os gregos que um interesse pela personalidade dos artistas começou a ser sentida em larga escala. Diversas anedotas ilustrativas quanto aos caracteres e hábitos pessoais de autores, pintores e escultores gregos foram preservadas. A queda do Império Romano introduziu um segundo período de anonimato artístico. A Idade Média produziu uma vasta quantidade de pintura, arquitetura e escultura sem nomes, de baladas e narrativas cujos autores são desconhecidos. E mesmo sobre os artistas cujos nomes chegaram até nós muito pouco foi registrado. Seus contemporâneos não eram suficientemente interessados em suas vidas privadas ou personalidades para perpetuar certos detalhes que nós teríamos interesse em conhecer.

Com o Renascimento a arte outra vez deixou de ser anônima. Os artistas trabalhavam por celebridade contemporânea e fama póstuma, e o público começou a ficar interessado neles enquanto seres humanos, apartados de sua arte. A autobiografia de Benvenuto Cellini é uma obra sintomática da época na qual foi escrita.

Desde os dias do Renascimento o interesse público pela personalidade dos artistas antes aumentou do que diminuiu. E o artista, por sua vez, deu o melhor de si para satisfazer essa curiosidade. Em tempos recentes é na América que a demanda por contatos pessoais com artistas populares se mostrou mais forte, que a curiosidade sobre suas vidas íntimas se mostrou mais ávida. O público americano, ao que parece, não se contenta em admirar obras de arte; ele quer ver e ouvir o artista em pessoa. Esse é o principal motivo, eu suponho, pelo qual as conferências desfrutam de uma enorme popularidade na América. Os artistas consideram que tal curiosidade lhes é extremamente lucrativa. Da época de Dickens em diante os autores descobriram que podiam ganhar mais dinheiro se mostrando e falando para plateias do que persistindo em escrever livros.

A demanda crescente por informação acerca das vidas privadas e dos caracteres de artistas levou a um suprimento crescente de autobiografias, reminiscências e memórias. Centenas de pessoas fizeram pequenas fortunas escrevendo aquilo que recordam sobre artistas notáveis, e os artistas consideraram muito lucrativo ser o Boswell de seu próprio Johnson*. No passado, contudo, sempre foi corriqueiro, exceto em raros casos, como o de Rousseau, passar por cima de certos aspectos da vida íntima em silêncio. Em geral, uma decente obscuridade ocultou ao menos o aposento nupcial. Tratava-se de

* James Boswell (1740-1795) escreveu uma biografia do escritor Samuel Johnson (1709-1784) que fez enorme sucesso e até hoje é considerada uma das melhores biografias jamais escritas em língua inglesa. (N.E.)

uma obscuridade, devo admitir, cuja decência todos nós tivemos razões para deplorar. Existem fatos sobre as vidas privadas dos Grandes falecidos que daríamos muito para saber – fatos que, devido ao silêncio dos próprios Grandes ou de seus amigos, jamais haveremos de conhecer. Mas essa decente obscuridade, segundo parece, já é uma coisa do passado. Quando grandes jornais americanos começam a organizar a demanda pública por toques pessoais e informações privilegiadas, não há muita esperança em termos de decência ou obscuridade. Persuadidos pela muda eloquência de belos cheques, literatos começaram a contar ao mundo seus mais íntimos e amorosos segredos. Nós sabemos por que X se divorciou de sua esposa, o quanto a dama Y apreciou suas experiências no Harlem, o que fez com que o jovem Z decidisse se tornar um monge, e assim por diante. Acabamos desejando que alguns grandes jornais americanos tivessem existido na época de Shakespeare. Ele poderia ter contribuído com alguns interessantes artigos sobre Anne Hathaway e a Dama Negra dos Sonetos. Poderia; por outro lado, poderia não ter contribuído em nada. E, por mais que me agradasse saber mais sobre Anne Hathaway e a Dama Negra, na verdade espero que ele não quisesse escrever esses artigos. A única semelhança que até aqui eu fui capaz de descobrir entre mim e Shakespeare é o fato de que, assim como o bardo, sei pouco de latim e menos de grego. Eu gostaria de pensar que também compartilhamos um desgosto pela confissão e um gosto pela reticência.

PROCURADO: UM NOVO PRAZER

A ciência do século XIX descobriu a técnica da descoberta, e a nossa era é, por consequência, a era das invenções. Sim, a era das invenções; jamais nos cansamos de proclamar o fato. A era das invenções – e no entanto ninguém obteve sucesso em inventar um novo prazer.

Foi no decorrer de uma visita recente à região que os anúncios publicitários de Agência de Viagem descrevem como a particular moradia do prazer – a Riviera Francesa – que esse fato curioso e um tanto perturbador me veio à mente pela primeira vez. Da fronteira italiana às montanhas do Esterel, 65 quilômetros da costa mediterrânea foram transformados numa única e vasta "estância do prazer". Ou, para ser mais exato, foram transformados num único, vasto e disperso subúrbio – o subúrbio da Europa inteira e das duas Américas –, pontuado aqui e ali por núcleos urbanos, tais como Menton, Nice, Antibes, Cannes. Os franceses têm um dom para a elegância; mas eles também são dotados de um talento para a feiura. Não existem no mundo subúrbios tão horrendos quantos aqueles que cercam as cidades francesas. A grande *banlieue* da Riviera não é exceção à regra. A esqualidez caótica desse extenso cortiço burguês é felizmente única. As cidades são muitíssimo superiores, é claro, a seus subúrbios respectivos. Uma certa grandiosidade vagabunda, absurda e agradavelmente antiquada, adorna Monte Carlo; Cannes, sisuda e pomposa, como que ciente de sua cara elegância. E todas elas são equipadas com o mais elaborado e custoso aparato para prover prazer a seus hóspedes.

Foi enquanto eu me divertia, ou melhor, enquanto eu tentava me divertir em meio a esse aparato que cheguei à minha deprimente conclusão sobre a ausência de novos prazeres. O pensamento, eu lembro, ocorreu-me numa sombria noite de inverno quando emergi do Restaurant des Ambassadeurs em Cannes e fui apanhado por um desses ventos sibilantes, meio alpinos e meio marinhos, que em certos dias transformam a Croisette e a Promenade des Anglais nas mais dolorosamente realistas imitações dos Ventos Uivantes. De súbito constatei que, no que dizia respeito aos prazeres, não estamos em melhor situação do que os romanos ou egípcios. Galileu e Newton, Faraday e Clerk Maxwell viveram, no que diz respeito aos prazeres humanos, em vão. As grandes empresas de sociedade anônima que controlam as modernas indústrias do prazer não podem nos oferecer nada, em nenhum aspecto essencial, que seja diferente das diversões que os cônsules ofereciam às plebes ou que os alcoviteiros de Trimalcião* conseguiam preparar para o desfrute dos aborrecidos e enfastiados na época de Nero. E isso é verdadeiro a despeito dos filmes, dos filminhos falados, do gramofone, do rádio e de todos os similares aparatos modernos voltados ao entretenimento da humanidade. Esses instrumentos, é verdade, são todos essencialmente modernos; nada semelhante a eles jamais existiu no passado. Mas apenas porque as máquinas são modernas não podemos dizer em consequência que os entretenimentos reproduzidos e difundidos por elas são também modernos. Não são. Tudo o que essas novas máquinas fazem é tornar acessível a um público mais

* Personagem de *Satiricon*, de Petrônio (27-66); um novo-rico dado a banquetes e excessos. (N.E.)

amplo o drama, a pantomima e a música que divertiram desde tempos imemoriais os ócios da humanidade.

Esses entretenimentos mecanicamente reproduzidos são baratos e portanto não incentivados em estâncias do prazer como as da Riviera, que existem com o único propósito de fazer os viajantes desembolsarem a máxima quantidade de dinheiro no mínimo espaço de tempo. Nesses lugares, o drama, a pantomima e a música são, portanto, fornecidos na forma original, como eram fornecidos aos nossos antepassados, sem a interposição de qualquer intermediário mecânico. Os outros prazeres das estâncias não são menos tradicionais. Comer e beber em demasia; observar acrobatas e bailarinas seminus ou de todo nus na esperança de estimular um apetite sexual adormecido; dançar; disputar jogos ou observar jogos, de preferência um tanto sangrentos e ferozes; matar animais – esses sempre foram os esportes dos ricos e, quando tiveram a chance, dos pobres também. Não menos tradicional é um outro divertimento estranho, tão característico da Riviera – a jogatina. A jogatina deve ser ao menos tão velha quanto o dinheiro; bem mais velha, eu imaginaria – tão velha quanto a própria natureza humana, ou, de qualquer modo, tão velha quanto o tédio, tão velha quanto a ânsia por excitação artificial e emoções factícias.

Oficialmente, isso encerra a lista dos prazeres fornecidos pelas indústrias de entretenimento da Riviera. Mas não devemos esquecer que, para os que pagam por eles, todos esses prazeres estão situados, por assim dizer, num certo território emocional – no complexo de prazer-e-dor do esnobismo. O fato de ter condições de comprar entrada para os "exclusivos" (ou seja, em geral caros) locais do entretenimento proporciona considerável satisfação à maioria das pessoas. Elas gostam de pensar no rebanho vulgar e pobre do lado de fora bem como, segundo Tertuliano e muitos outros Pais da Igreja, os Abençoados apreciam olhar para baixo, das sacadas celestiais, contemplando as convulsões dos Amaldiçoados nas profundezas. Eles gostam de sentir, com certa turgescência de prazer, que estão sentados entre os eleitos, ou que eles mesmos são os eleitos cujos nomes figuram nas colunas sociais do *Daily Mail* continental ou da edição parisiense do *New York Herald*. Sim, o esnobismo é muitas vezes fonte de dor excruciante. Mas não menos vezes é fonte de primorosos prazeres. Esses prazeres, eu repito, são generosamente fornecidos em todas as estâncias e constituem uma espécie de plano de fundo para todos os outros prazeres.

Pois bem; todos esses prazeres de estâncias-de-prazeres, incluindo os do esnobismo, são imemorialmente antigos – variações, na melhor das hipóteses, de temas tradicionais. Nós vivemos numa era de invenções, mas os descobridores profissionais não foram capazes de pensar em qualquer maneira inteiramente nova de estimular prazerosamente os nossos sentidos ou de evocar reações emocionais agradáveis.

Mas isso – eu continuei refletindo enquanto enfrentava com os ombros a ventania oposta na Croisette – isso não é, afinal de contas, tão surpreendente. A nossa constituição psicológica permaneceu sendo praticamente a mesma que era 10 mil anos atrás. Sim, ocorreram consideráveis mudanças no nosso nível de consciência; em nenhum momento, é óbvio, *todas* as potencialidades da psique humana são percebidas de forma simultânea; a história é, entre várias outras coisas, o registro das sucessivas realizações, omissões e novas realizações em outro contexto de diferentes conjuntos dessas quase indefinidamente numerosas potencialidades. Porém, apesar de tais mudanças (que costumam ser chamadas, incorretamente, de evolução psíquica), os sentimentos simples e instintivos aos quais – bem como aos sentidos – os fornecedores de prazer fazem seu apelo permaneceram notavelmente estáveis. A tarefa dos mercadores de prazer é prover uma espécie de Maior Denominador Comum de entretenimento que possa satisfazer vastos números de homens e mulheres, sem consideração de suas idiossincrasias psicológicas. Um entretenimento assim, é óbvio, tem de ser muito pouco especializado. Seu apelo tem de se dirigir à mais simples das características humanas compartilhadas – aos alicerces fisiológicos e psicológicos da personalidade, não à personalidade em si. Pois bem; o número de apelos que podem ser feitos a isto que eu chamo de Grandes Impersonalidades comuns a todos os seres humanos é estritamente limitado – tão estritamente limitado que, segundo podemos ver, os nossos inventores não foram capazes de conceber novas variações até aqui. (Um exemplo duvidoso de um novo prazer existe; falarei dele em seguida.) Nós ainda ficamos contentes com os prazeres que encantavam os nossos antepassados na Idade do Bronze. (Aliás, há boas razões para encararmos os nossos entretenimentos como intrinsecamente inferiores aos da Idade do Bronze. Os prazeres modernos são de todo seculares e desprovidos de uma mínima importância cósmica, ao passo que os entretenimentos da Idade do Bronze eram na maior parte ritos religiosos sentidos pelos participantes como sendo prenhes de relevantes significados.)

Até onde consigo enxergar, o único novo prazer possível seria um prazer derivado da invenção de uma nova droga – uma substituta mais eficiente e menos danosa para o álcool e a cocaína. Se eu fosse milionário, financiaria um grupo de pesquisadores para que procurassem o tóxico ideal. Se pudéssemos cheirar ou engolir algo que durante cinco ou seis horas todos os dias anulasse a nossa solidão como indivíduos, nos harmonizasse com nossos semelhantes numa candente exaltação de afeto e nos desse não apenas a impressão de que vale a pena viver a vida em todos os seus aspectos, mas também de que a vida é maravilhosa e dotada de significado, e se essa droga celestial e capaz de transfigurar o mundo fosse de um tipo que nos permitisse acordar na manhã seguinte com a cabeça em ordem e a saúde intacta – então, ao que me parece, todos os nossos problemas (e não somente o pequeno problema isolado de descobrir um novo prazer) estariam totalmente resolvidos e a Terra se tornaria o paraíso.

A maior proximidade que temos de uma nova droga – e quão incomensuravelmente distante ela está do tóxico ideal! – é a droga da velocidade. A velocidade, ao que me parece, proporciona o único prazer genuinamente moderno. Sim, os homens sempre gostaram de velocidade; mas o desfrute dela foi limitado, até tempos bem recentes, pela capacidade do cavalo, cuja velocidade máxima mal passa de cinquenta quilômetros por hora. Pois bem, cinquenta quilômetros por hora num cavalo dão uma *sensação* de rapidez muito maior do que cem quilômetros por hora num trem ou 160 num avião. O trem é amplo e estável demais, e o avião é distante demais de adjacências estacionárias, de modo que não dão a seus passageiros uma noção muito intensa de velocidade. O automóvel é suficientemente pequeno e suficientemente próximo do chão para ter condições de competir, enquanto intoxicante fornecedor-de-velocidade, com o cavalo galopante. Os efeitos inebriantes da velocidade são perceptíveis, a cavalo, com mais ou menos trinta quilômetros por hora, e num carro com mais ou menos cem. Quando o carro passa de 115, ou perto disso, a pessoa começa a experimentar uma sensação inédita – uma sensação que nenhum homem no tempo dos cavalos jamais experimentou. Ela fica mais intensa com cada aumento da velocidade. Eu mesmo nunca viajei a muito mais do que 130 quilômetros por hora; mas aqueles que já beberam uma preparação mais forte desse estranho tóxico me contam que novos prodígios aguardam qualquer pessoa que tiver a oportunidade de ultrapassar a marca dos 160. Em que ponto o prazer vira dor, isso eu não sei. Muito antes que os fantásticos números de Daytona sejam alcançados, em todo caso. Trezentos e vinte quilômetros por hora devem ser pura tortura.

Mas nisso, é claro, a velocidade é como todos os outros prazeres; usufruídos em excesso, eles se tornam seus opostos. Todo prazer específico possui sua correspondente dor, inapetência ou aversão específica. O reverso compensador de um demasiado prazer-de-velocidade deve ser, eu suponho, uma horrível combinação de desconforto físico intenso e medo intenso. Não; se alguém quiser mesmo praticar excessos, seu melhor conselho, provavelmente, será o de ficar com a antiga comilança exagerada.

OS SERMÕES DOS GATOS

Eu conheci, não muito tempo atrás, um jovem que aspirava se tornar um romancista. Sabendo que eu atuava na profissão, ele me pediu para lhe dizer como devia proceder para conseguir alcançar seu objetivo. Eu fiz o meu melhor para explicar. "A primeira coisa", eu disse, "é comprar um monte de papel, um frasco de tinta e uma caneta. Depois disso você só precisa escrever." Mas isso não foi o suficiente para o meu jovem amigo. Ele parecia ter uma ideia de que existia algum tipo esotérico de livro de culinária, cheio de receitas literárias, que você só tinha de seguir com atenção para se tornar um Dickens, um Henry James, um Flaubert – "de acordo com o gosto", como dizem os autores de receitas quando eles chegam à questão dos temperos e adoçantes. Será que eu não o deixaria ter um vislumbre desse livro de culinária? Eu disse que sentia muito, mas que (infelizmente – porque uma quantidade infinita de tempo e aborrecimento seria poupada!) nunca tinha visto uma obra desse tipo. Ele pareceu ficar muitíssimo desapontado; assim, para consolar o pobre rapaz, eu o aconselhei a recorrer aos professores de dramaturgia e criação de contos em alguma universidade respeitável; se alguém possuía um confiável livro de culinária da literatura, certamente seriam eles. Mas nem mesmo isso foi suficiente para satisfazer o jovem. Desapontado na sua esperança de que eu lhe daria o equivalente ficcional da obra *Cem maneiras de cozinhar ovos* ou do *Carnet de la Ménagère*, ele começou a me interrogar sobre os meus métodos de "coleta de material". Por acaso eu mantinha um caderno de anotações ou um diário? Eu registrava pensamentos e frases num fichário? Eu frequentava sistematicamente as salas de visita dos ricos e elegantes? Ou será que eu, pelo contrário, habitava os morros de Sussex? Ou passava minhas noites à procura de "matéria" em bares do East End? Eu achava que era sábio frequentar a companhia de intelectuais? Era uma coisa boa, para um escritor de romances, tentar ser bem-educado, ou ele deveria limitar sua leitura exclusivamente a outros romances? E assim por diante. Eu fiz o meu melhor para responder a essas perguntas – da maneira mais evasiva possível, é claro. E visto que o jovem ainda parecia um tanto decepcionado, ofereci um conselho final, gratuitamente. "Meu jovem amigo", eu disse, "se você quer ser um romancista psicológico e escrever sobre seres humanos, a melhor coisa que você pode fazer é cuidar de um casal de gatos." E com isso eu o deixei.

Eu espero, pelo bem dele, que o rapaz tenha seguido o meu conselho. Porque foi um bom conselho – fruto de muita experiência e muitas meditações. Mas receio que, sendo um jovem bastante tolo, ele tenha meramente rido de algo que deve ter considerado ser apenas uma brincadeira boba: riu como eu mesmo tolamente ri quando, anos atrás, um homem charmoso e talentoso e extraordinário, Ronald Firbank, me disse certo dia que queria escrever um romance sobre a vida em Mayfair e por isso estava partindo para as Índias Ocidentais a fim de procurar matéria entre os negros. Eu ri na ocasião; mas agora percebo que ele estava certo. Os povos primitivos, como as crianças e os animais, são simplesmente pessoas civilizadas com a tampa aberta, por assim dizer – a pesada e elaborada tampa de costumes, convenções, tradições de pensamento e sentimento sob a qual cada um de nós, homem ou mulher, passa a sua existência. Essa tampa pode ser convenientemente estudada em Mayfair, digamos, ou em Passy, ou na Park Avenue. Mas o que acontece embaixo da tampa nesses distritos polidos e elegantes? A observação direta (a não ser que por acaso sejamos dotados de uma intuição muito penetrante) nos informa bem pouco, e, se não conseguimos inferir o que está acontecendo sob outras tampas a partir do que vemos introspectivamente, espiando sob a nossa própria tampa, então a melhor coisa que podemos fazer é tomar o próximo navio rumo às Índias Ocidentais, ou então, de uma maneira menos dispendiosa, passar algumas manhãs no quarto das crianças, ou, numa outra alternativa, como eu sugeri ao meu jovem amigo literário, comprar um casal de gatos.

Sim, um par de gatos. Siameses de preferência; pois eles são certamente os mais "humanos" entre todas as raças de gatos. Também os mais estranhos e, se não os mais bonitos, certamente os mais impressionantes e fantásticos. Pois que inquietantes olhos azul-claros olham para fora por trás da máscara de veludo preto de seus rostos! Brancos de neve no nascimento, seus corpos escurecem aos poucos e assumem uma rica cor parda. Suas patas dianteiras ganham luvas quase até os ombros, semelhantes aos longos braços de garoto negro de Yvette Guilbert*; sobre suas pernas traseiras se mostram bem desenhadas as meias de seda preta com as quais Félicien Rops** tão obstinada e indecentemente vestia os seus nus perolados. Sua cauda, quando eles têm cauda – e eu recomendaria sempre ao romancista que está despontando comprar a variedade com cauda; porque a cauda, nos

* Cantora de cabaré francesa que se apresentava usando longas luvas negras. (N.E.)

** Artista plástico belga (1833-1898) conhecido por seus nus em tons pastel. (N.E.)

gatos, é o principal órgão de expressão emocional, e um gato Manx é o equivalente a um homem mudo –, sua cauda é afilada serpente negra dotada, mesmo quando o corpo se encontra em repouso de esfinge, de uma vida própria espasmódica e irrequieta. E que vozes estranhas eles têm! Às vezes são como a reclamação de crianças pequenas; às vezes como um ruído de cordeiros; às vezes como um uivo furioso e agonizante de almas perdidas. Comparados com essas criaturas fantásticas, outros gatos, por mais belos e atraentes que sejam, tendem a parecer um pouco insípidos.

Bem, depois de ter comprado seus gatos, não restará nada para o aspirante a romancista senão observá-los vivendo dia após dia, para identificar, aprender e digerir no íntimo as lições sobre a natureza humana que eles ensinam; e afinal – porque, ai de nós, essa necessidade árdua e desagradável sempre surge –, afinal escrever seu livro sobre Mayfair, Passy ou a Park Avenue, qualquer que seja o caso.

Consideremos, agora, alguns desses instrutivos sermões dos gatos, com os quais o estudante da psicologia humana tanto pode aprender. Nós vamos começar – como todo bom romance deveria começar, em vez de absurdamente terminar – com o casamento. O casamento de gatos siameses, pelo menos como eu pude observá-lo, é um acontecimento extremamente dramático. Para começar, a apresentação do noivo para sua noiva (estou supondo que, como costuma acontecer no mundo dos gatos, eles não se encontraram antes do dia do casamento) é o sinal para uma batalha de incomparável ferocidade. A primeira reação da jovem esposa aos avanços de seu candidato a marido é voar na garganta dele. O observador fica grato, enquanto contempla os pelos voando no ar e ouve os gritos lancinantes de raiva e ódio, pela benévola providência que não permitiu que aqueles demônios crescessem mais. Travadas entre criaturas tão grandes quanto homens, tais batalhas provocariam morte e destruição de tudo num raio de centenas de metros. Não sendo assim, o observador é capaz, sob o risco de alguns arranhões, de agarrar os combatentes pelos cangotes e arrastá-los, ainda se contorcendo e cuspindo, separando-os. O que aconteceria se o casal recém-casado fosse autorizado a continuar lutando até o amargo fim eu não sei, e nunca tive curiosidade científica ou força mental suficiente para tentar descobrir. Eu suspeito que, ao contrário do que aconteceu na família de Hamlet, as carnes assadas do casamento em breve serviriam para um funeral. Eu sempre impedi essa trágica consumação simplesmente trancando a noiva num quarto, sozinha, e deixando que o noivo sofresse por algumas horas do lado de fora da porta. Ele não sofre em silêncio; mas durante um longo tempo não há nenhuma resposta, salvo um chiado ou grunhido ocasional, para os seus melancólicos gritos de amor. Quando, por fim, a noiva começa a responder em tons tão suaves e anelantes quantos os dele, a porta pode ser aberta. O noivo dispara e é recebido não com unhas e dentes, como na ocasião anterior, mas com todas as demonstrações de afeto.

À primeira vista não transpareceria, nesse espécime de comportamento felino, nenhuma "mensagem" especial à humanidade. Mas as aparências enganam; as tampas sob as quais vivem os povos civilizados são tão grossas e tão profusamente esculpidas com ornamentos mitológicos que é difícil reconhecer o fato, tão reiterado por D.H. Lawrence em seus romances e contos, de que há quase sempre uma mistura de ódio com a paixão do amor e de que as jovens muitas vezes sentem (a despeito de seus sentimentos e até mesmo de seus desejos) uma verdadeira aversão ao fato do amor físico. Destampados, os gatos evidenciam esse mistério habitualmente obscuro da natureza humana. Depois de testemunhar um casamento de gatos, nenhum jovem romancista poderá se contentar com as falsidades e banalidades que passam, na ficção atual, por descrições de amor.

O tempo passa e, com a lua de mel terminada, os gatos começam a nos dizer coisas sobre a humanidade que nem mesmo a tampa da civilização consegue esconder no mundo dos homens. Eles nos dizem – algo que, ai de nós, já sabemos – que os maridos logo se cansam de suas esposas, em particular quando elas estão aguardando ou amamentando famílias; que a essência da masculinidade é o amor de aventura e infidelidade; que consciências culpadas e boas resoluções são os sintomas psicológicos de uma doença que de tempos em tempos afeta praticamente todo homem entre as idades de dezoito e sessenta anos – uma doença chamada "a manhã seguinte"; e que com o desaparecimento da doença os sintomas psicológicos também desaparecem, de modo que quando a tentação chega de novo a consciência está entorpecida e as boas resoluções não valem nada. Todas essas verdades – infelizmente familiares demais – são ilustradas pelos gatos com uma ausência de disfarce muitíssimo cômica. Nenhum homem jamais ousou manifestar seu aborrecimento numa postura tão insolente quanto a de um gato siamês quando ele boceja na cara de sua esposa amorosamente importuna. Nenhum homem jamais se atreveu a proclamar seus amores ilícitos tão francamente quanto esse mesmo gato berrante no telhado. E com que passo furtivo – nenhum homem jamais foi tão abjeto – ele retorna no dia seguinte ao cesto conjugal junto ao fogo! Você pode medir a culpa de sua consciência pelo ângulo das orelhas pressionadas para trás, pela prostração de sua cauda. E quando, ao cheirar o marido e assim descobrir sua infidelidade, a esposa, como ela sempre faz nessas ocasiões, começa a arranhar o rosto dele (já marcado, como o rosto de um estudante alemão, com os vestígios de uma centena de duelos), ele não faz nenhuma tentativa de resistir, porque, autocondenado pelo pecado, ele sabe que merece tudo o que está recebendo.

É impossível para mim, no espaço à minha disposição, enumerar todas as verdades humanas que um casal de gatos pode revelar ou confirmar. Citarei apenas mais um dos inúmeros sermões dos gatos que a minha memória guarda – um sermão encenado que, por causa de sua pantomima ridícula, me trouxe à mente com grande vividez a peculiaridade mais triste da nossa natureza humana, sua solidão irredutível. As circunstâncias eram as seguintes. Minha gata, hoje uma esposa de longa data e diversas vezes mãe, estava passando por uma de suas ocasionais fases de afetividade. Seu marido, agora no auge da vida e desfilando a arrogância sonolenta que é a característica do homem maduro e conquistador (ele era agora o equivalente felino de algum jovem e hercúleo Alcibíades* do corpo de guarda), recusava-se a perder qualquer tempo com ela. Era em vão que a gata proferia o seu miado apaixonado, em vão que ela andava para cima e para baixo na frente do marido, esfregando-se voluptuosamente contra portas e pernas de cadeira enquanto passava, era em vão que ela vinha e lambia o rosto dele. Ele fechava os olhos, ele bocejava, ele desviava sua cabeça, ou, quando ela se tornava importuna demais, ele se levantava e, devagar, com um ofensivo ar de indiferença e dignidade, se afastava em silêncio. Quando

* General e político ateniense do século V. (N.E.)

a oportunidade se apresentou, o gato escapou e passou as 24 horas seguintes em cima do telhado. Abandonada e desconsolada, a esposa saiu vagando pela casa, como que em busca de uma felicidade desaparecida, miando fraca e queixosamente consigo mesma numa voz e de uma maneira que faziam com que o observador pensasse irresistivelmente em Mélisande na ópera de Debussy. "*Je ne suis pas heureuse ici*"*, ela parecia estar dizendo. E, pobre animalzinho, ela não era. No entanto, como suas irmãs e irmãos maiores do mundo humano, ela teve de suportar sua infelicidade na solidão, incompreendida, inconsolável. Porque apesar da linguagem, apesar da inteligência ou intuição ou simpatia, uma criatura nunca consegue realmente comunicar nada a ninguém. A substância essencial de cada pensamento e sentimento permanece incomunicável, trancada na casa-forte impenetrável da alma e do corpo individuais. A nossa vida é uma sentença de solitária prisão perpétua. Essa verdade pesarosa se abateu esmagadoramente sobre em mim enquanto eu observava a gata abandonada e apaixonada e ela caminhava com tristeza pelo meu quarto. "*Je ne suis pas heureuse ici*", ela continuou miando, "*je ne suis pas heureuse ici*". E a sua expressiva cauda negra açoitava o ar num gesto trágico de desespero. Mas sempre que a cauda se contraía, upa!, saindo de baixo da poltrona, por trás da estante, onde quer que ele estivesse escondido no momento, saltava o seu único filho (o único, isto é, que não tínhamos doado), saltava como um burlesco tigre de brinquedo, com todas as garras para fora, caçando a cauda em movimento. Por vezes ele errava, por vezes ele a pegava e, apanhando a ponta entre os dentes, fingia morder com sacudidas da cabeça, absurdamente feroz.

* "Não sou feliz aqui." *Pelléas et Mélisande*, ópera de 1902 sobre um triângulo amoroso. (N.E.)

Sua mãe precisava puxá-la com violência para tirá-la de sua boca. Então ele voltava para o seu esconderijo embaixo da poltrona e, agachando-se, suas ancas tremendo, se preparava mais uma vez para pular. A cauda, a cauda mágica, desesperante, gesticulante, era para ele o mais irresistível dos brinquedos. A paciência da mãe era angelical. Nunca houve uma repreensão ou represália punitiva; quando a criança se tornava intolerável demais a mãe apenas se afastava; isso era tudo. E enquanto isso, o tempo inteiro, ela continuava miando, queixosamente, em desespero. "*Je ne suis pas heureuse ici, je ne suis pas heureuse ici.*" Era de partir o coração. Tanto mais que as palhaçadas do gatinho eram tão extraordinariamente burlescas. Era como se um comediante de pastelão tivesse prorrompido no meio dos lamentos de Mélisande – não por maldade, não de propósito, pois não havia sequer uma mínima intenção de magoar na performance do gatinho, mas simplesmente por falta de compreensão. Cada um estava sozinho, cumprindo sua sentença de prisão perpétua e solitária. Não havia nenhuma comunicação entre as celas. Nenhuma comunicação em absoluto. Esses sermões dos gatos podem ser extremamente deprimentes.

A VULGARIDADE NA LITERATURA

I

A dificuldade, quando alguém está usando palavras apreciativas, a dificuldade de saber aquilo que a pessoa quer dizer!

Então por que motivo, se é tão complicado, fazer qualquer tentativa de entender? Não seria mais sensato seguir o exemplo daquela Conferência de Genebra formada, não muito tempo atrás, para estudar os meios de suprimir o tráfico de publicações obscenas? Pois quando o delegado grego (um tanto socrático demais) sugeriu que poderia ser uma coisa boa estabelecer uma definição preliminar da palavra "obsceno", Sir Archibald Bodkin* saltou de pé com um protesto. "Não existe nenhuma definição de indecente ou obsceno na lei estatutária inglesa." A lei dos outros países não sendo, aparentemente, nem um pouco mais explícita, ficou decidido por unanimidade que nenhuma definição era possível. Depois disso, tendo afirmado em triunfo que não sabiam o que estavam discutindo, os membros do congresso trataram de fazer avançar o debate.

Meu problema não é com o obsceno, e sim com o vulgar. Quando chamo algo ou alguém de "vulgar", o que *precisamente* (como perguntaria, sob forma de crítica, o sr. T.S. Eliot) eu estou dizendo? Arrojando-me onde Sir

---

* De 1920-30, o diretor do Ministério Público inglês; ficou conhecido por sua predileção por processos por obscenidade. (N.E.)

Archibald e seus colegas com tanta sabedoria temeram pisar, tentarei descobrir.

Para começar, então, constato que existem muitas ocasiões nas quais, em sentido estrito, *não quero* dizer nada em absoluto, mas estou usando a palavra somente para expressar um desgosto – como um termo de abuso, um sinônimo mais polido, digamos assim, para "infame". Em tais ocasiões, "vulgar" não é mais do que um ruído vagamente pejorativo. Com maior frequência, no entanto, constato que eu quero *dizer* algo quando emprego a palavra, não pretendendo apenas rosnar.

Em certas circunstâncias, por exemplo, eu uso a palavra em seu estrito sentido etimológico. Quando falo que um homem tem um sotaque vulgar ou maneiras vulgares à mesa, quero dizer que seu sotaque e suas maneiras me trazem à mente características que são correntes nas classes mais baixas da sociedade – da específica sociedade na qual me cabe viver. Porque vulgar aqui não é necessariamente vulgar acolá. *Eructavit cor meum**. A leste de Constantinopla, o ato é considerado polido. Aqui, Sir Toby Belch**, mesmo sendo um cavaleiro, jamais teria sido admitido nos círculos mais altos. Ou melhor, sim; pensando mais uma vez, seria possível imaginar tal admissão. Porque vemos os padrões de vulgaridade se transformando conforme nos movemos de modo vertical, para cima, ao longo dos estratos de uma única sociedade, assim como eles se transformam aos olhos de um espectador que se move horizontalmente de uma sociedade para outra. Aquilo que é vulgar no alto nível A pode ter deixado de ser vulgar no ainda mais alto nível B. Existem refinamentos após refinamentos, quase *ad infinitum*. Como ocorre no Paraíso, o próprio

---

* "Meu coração transborda de boas palavras" (Salmos, 45:2). (N.E.)

** Bon-vivant shakespeariano de *Noite de reis*. (N.E.)

Monde tem seus altos e baixos. Proust é o Dante dessas altas esferas mundanas; mas enquanto vários séculos tiveram de se passar para que o guia de viagem de Dante fosse reduzido à desatualização, o de Proust já está, em seus detalhes factuais (embora não esteja, é claro, em seu espírito), obsoleto da maneira mais irremediável, tanto quanto um Baedeker* anterior à guerra. Os céus sociais se transformam o tempo inteiro.

Mas essas relatividades são óbvias demais para que sejam muito interessantes. O Absoluto faz seu chamado quimérico; e, embora jamais possamos ter esperança de chegar perto, a perseguição talvez seja divertida em si mesma, e, quem sabe?, no caminho talvez consigamos de fato apanhar uma lebre ou duas, sem dúvida menores e menos nobres do que a presa que estamos caçando, mas tendo ao menos o mérito de uma existência sólida, de uma visibilidade incontestável.

Nós consideramos, até agora, dois casos: o caso no qual a palavra "vulgar" diz "Eu não gosto disso" e o caso no qual ela diz "Isso me traz à mente aquilo que são, para mim, as classes mais baixas". No caso que começaremos a considerar agora, "vulgar" diz algo cuja definição é mais difícil. Por exemplo, eu posso afirmar que "este homem é vulgar. O fato de que ele vem de uma boa família e foi educado nos lugares certos não faz nenhuma diferença. A vulgaridade dele é intrínseca". O que *precisamente* eu quero dizer aqui?

A etimologia é útil até mesmo nesse caso. O homem vulgar de boa família não é, de fato, um membro das classes mais baixas da nossa efetiva sociedade. Mas há uma sociedade ideal na qual, nós sentimos, ele e os seus iguais pertencem a uma casta muito esquálida.

---

* Título de série de difundidos guias de viagem alemães publicados a partir de 1827; sinônimo de guia de viagem. (N.E.)

Nenhum valor, exceto talvez os valores biológicos mais rudimentares, é aceito por todos os seres humanos. Só a tendência de avaliar é universal. Em outras palavras, o mecanismo para criar valores nos é dado, mas os valores em si mesmos precisam ser fabricados. O processo não chegou a ser racionalizado; a fabricação de valor é ainda uma indústria rural. Entre as classes educadas no Ocidente, no entanto, os valores são padronizados com proximidade suficiente para que sejamos capazes de falar sobre a sociedade ideal como se fosse algo absoluto.

Os extremos da vulgaridade são tão raros quanto os extremos da bondade, da perversidade ou do gênio; mas ocorre por vezes que topamos com um não cavalheiro da natureza que é obviamente um dos párias da nossa sociedade ideal. Tais pessoas são, de forma intrínseca, aquilo que os desafortunados indianos que varrem o chão e eliminam os resíduos são por acidente – intocáveis. Na Índia, quando você sai do seu hotel e quer dar uma gorjeta para o varredor, não deve estender a moeda, esperando que ele a pegue. A reação imediata dele ao seu gesto será recuar com medo; porque se você acabasse encostando os dedos na mão aberta do varredor você seria conspurcado. Com grande consideração, ele está poupando a você o trabalho de precisar tomar um banho, fumigar o corpo e trocar a roupa de baixo. A entrega das gorjetas aos varredores tem sua própria técnica especial: você tem de ficar parado a vários metros do beneficiário em potencial e jogar a sua doação no chão, aos pés dele. Transações comerciais durante a Peste Negra decerto foram realizadas num estilo bastante parecido.

O treinamento ensinou o indiano acidentalmente intocável a ter uma percepção de sua própria baixeza conspurcadora e a se portar em conformidade. Se apenas a natureza tivesse feito a mesma coisa com os marginalizados intrínsecos da nossa sociedade ideal! Contudo, ai de nós, ela não fez. Você se vê num jantar sentado ao lado de X, o eminente político; o jornalista, Y, se sente à vontade para convidar você a ir com ele até um bar favorito. Ao contrário dos varredores da Índia, esses marginalizados intrínsecos não desempenham seu papel de intocáveis. Tão longe estão eles de saber quais são os seus lugares que de fato pensam estar fazendo a você uma honra sentando-se à mesma mesa, uma honra lhe oferecendo, antes do almoço e em algum nojento salão de bar, um uísque duplo ou uma canequinha de viscoso porto. Quanto a recuar com medo, isso sequer lhes passa pela cabeça; eles inclusive se lançam mais à frente ainda. Na verdade, uma certa presunção (a qual torna impossível sentirmos muita simpatia pelo intocável intrínseco em sua aflição), uma certa vaidade impetuosa e pretensiosa é, como eu terei diversas ocasiões para mostrar no decorrer destas digressões, um dos elementos essenciais da vulgaridade. A vulgaridade é uma baixeza que se proclama – e a autoproclamação é também, de forma intrínseca, uma baixeza. Pois a pretensão em qualquer campo, a não ser que seja mais do que justificada por capacidade nativa e conquista demonstrável, é baixa em si mesma. Além do mais, ela sublinha todas as outras deficiências e, assim como uma substância química adequada revelará palavras escritas em tinta invisível, evoca as baixezas latentes num caráter, de modo que elas se manifestam sob a forma de vulgaridades abertas.

Há uma vulgaridade na esfera da moral, uma vulgaridade de emoções e intelecto, uma vulgaridade até mesmo do espírito. Um homem pode ser perverso, ou estúpido, ou passional, sem ser vulgar. Ele também pode ser bom com vulgaridade, inteligente com vulgaridade, emocional ou desprovido de emoção com vulgaridade, espiritual com vulgaridade. Além do mais, ele pode pertencer à classe mais alta numa esfera de atividade e todavia ser baixo em outra. Eu já conheci homens do maior refinamento intelectual cuja vida emocional era vulgar de uma maneira repugnante. Cada um de nós é como a população de uma cidade construída na encosta de uma colina: existimos simultaneamente em muitos níveis diferentes.

Estas breves anotações a respeito da vulgaridade pessoal pretendem servir como introdução para o que eu proponho dizer sobre a vulgaridade na literatura. As letras, a vida – os dois mundos são paralelos. O que é verdade aqui é verdade, com uma diferença, acolá. Em nome da completude eu deveria, é claro, ter ilustrado as minhas generalizações sobre a vulgaridade na vida com exemplos concretos. Mas isso teria significado uma incursão pelo reino da ficção, ou da biografia histórica – ou do libelo contemporâneo. Eu teria sido obrigado a criar um conjunto de personagens artisticamente vivos, com as circunstâncias de sua existência. O mundo e o tempo, como de costume, estavam escassos. Além disso, ocorre que eu já exemplifiquei de maneira elaborada, em diversos trabalhos de ficção, a vulgaridade emocional e intelectual como revelada na vida – talvez também, sem querer, como ela é revelada nas letras! Não vou começar de novo aqui. Aqui os exemplos prontos de vulgaridade fornecidos pela literatura servirão, de modo retrospectivo e por analogia, para ilustrar as minhas generalizações sobre a vulgaridade na vida.

II

A vulgaridade na literatura deve ser distinguida da vulgaridade inerente à profissão de letras. Todo homem nasce com a sua parte do Pecado Original, à qual todo escritor acrescenta uma pitada de Vulgaridade Original. De um modo necessário e um tanto inevitável. Porque o exibicionismo é sempre vulgar, mesmo se aquilo que você exibe é a mais primorosamente refinada das almas.

Alguns escritores são mais melindrosamente conscientes do que outros quanto à vulgaridade essencial de seu negócio – tanto assim que, como Flaubert, eles tiveram dificuldade em cometer esse crime inicial contra uma boa educação: a colocação da pena no papel.

É apenas possível, é claro, que os maiores escritores jamais tenham escrito; que o mundo esteja cheio de Monsieur Testes e Miltons* inglórios e mudos, delicados demais para vir a público. Eu gostaria de acreditar nisso, mas acho difícil. O nosso grande escritor é possuído por um demônio, sobre o qual ele tem muito pouco controle. Se o demônio quer sair (e, na prática, os demônios sempre querem sair), ele de fato sairá, por mais altos que sejam os protestos da consciência aristocrática com a qual convive em desconforto. A profissão da literatura pode ser "fatalmente desfigurada por um absurdo secreto"; o demônio simplesmente não se importa. *Scribo quia absurdum.***

III

Ser pálida, não ter apetite, desmaiar com a menor provocação – esses, não faz muito tempo, eram os sinais de boa educação virginal. Em outras palavras, quando

* Monsieur Teste: personagem do escritor e poeta francês Paul Valéry (1871-1945) que exemplifica a necessidade de máxima reflexão antes do ato de criação em si. Milton deve se referir a John Milton (1608-1674), autor de *Paraíso perdido*, epopeia da língua inglesa. (N.E.)

** "Escrevo porque é absurdo". Trocadilho com "*Credo quia absurdum*", ou "creio porque é absurdo", citação de Tertuliano (160-220 a.C.). (N.E.)

uma garota era marcada com o estigma da anemia e da constipação crônica, você sabia que ela era uma dama. Virtudes, de modo geral, são modeladas (com mais ou menos elegância, de acordo com a perícia do *couturier* moral) a partir das necessidades. As garotas ricas não precisavam trabalhar; a tradição aristocrática as desencorajava em relação ao trabalho voluntário; e a tradição cristã as desencorajava de comprometerem sua modéstia virginal fazendo qualquer espécie de exercício violento. Boas estradas para carruagens e afinal ferrovias lhes poupavam as fadigas saudáveis da equitação. As virtudes do Ar Fresco ainda não haviam sido descobertas e a Corrente de Ar ainda era a mais comum, assim como quase a mais perigosa, manifestação do Princípio Diabólico. Mais obstinados do que os esmagadores de pé chineses, os topiários da moda europeia tinham decretado que a elegante deveria ter todas as vísceras comprimidas e deslocadas por laços apertados. Numa palavra, a garota rica vivia uma vida cientificamente calculada para fazê-la perder a saúde. Uma virtude era feita de necessidade humilhante, e a etérea e pálida desfalecente da literatura romântica permaneceu por anos o protótipo e o espelho da jovem feminilidade refinada.

Algo do mesmo tipo acontece de tempos em tempos no reino da literatura. Chegam momentos nos quais uma demonstração de vigor conspícua demais ou um interesse franco demais por coisas comuns são sinais de vulgaridade literária. Para serem realmente requintadas, as Musas, como suas irmãs mortais, precisam ser anêmicas e constipadas. Nos escritores mais sensíveis de certas épocas as circunstâncias impõem um definhamento artístico, uma consunção literária. Essa fatalidade angustiante é de uma só vez transformada em virtude, e cultivá-la torna-se um dever para todos.

"*Vivre? Nos valets le feront pour nous.*"* Pois, ah, a vulgaridade disso! A vulgaridade deste ter de andar e falar; abrir e fechar os olhos; pensar e beber e todos os dias, sim, todos os dias, comer, comer e excretar. E depois este ter de perseguir a fêmea da nossa espécie, ou o macho, conforme o caso; este ter de cerebrar, calcular, copular, propagar... Não, não – grosseiro demais, estúpido e baixo demais. Essas coisas, como diz Villiers de l'Isle-Adam**, são todas muito boas para lacaios. Mas para um descendente de não sei quantas gerações de Templários, de Cavaleiros de Rodes e de Malta, Cavaleiros da Jarreteira e do Espírito Santo e todas as várias cores das Águias – isso, é óbvio, estava fora de questão; isso simplesmente não era feito. *Vivre? Nos valets le feront pour nous.*

No mesmo ponto, mas num outro plano da grande espiral da história, o príncipe Gautama, mais de 2 mil anos antes, também havia descoberto a vulgaridade da vida. A visão de um cadáver em decomposição na beira da estrada o fizera pensar. Tratava-se da sua primeira introdução à morte. Ora, um cadáver, pobre coitado, é um intocável, e o processo de decadência é, de todos os exemplos de maus modos, o mais vulgar imaginável. Pois um cadáver é, por definição, uma pessoa absolutamente desprovida de *savoir vivre.* Até mesmo o nosso varredor sabe disso muito bem. Mas em todos os mais grandiosos reis, em todas as mais amáveis e floridas princesas, no mais refinado dos poetas, em cada dândi muitíssimo bem-vestido, em cada professor muitíssimo sagrado e espiritual, ali espreita, esperando, esperando pelo momento de emergir, o marginalizado dos marginalizados, um carregador de esterco, um cão, mais baixo do que os mais baixos, no fundo do poço sem fundo da vulgaridade.

* "Viver? Nossos serviçais o farão por nós." (N.E.)

** Escritor francês do século XIX. (N.E.)

Com caminhos por desbravar e com o regozijo por suas conquistas, os heróis não têm tempo para pensar. Mas os filhos dos heróis – ah, eles têm todo o tempo livre necessário. O futuro Buda pertenceu à geração que tem tempo. Ele viu o cadáver, ele cheirou o fedor vulgar, ele pensou. Os ecos de suas meditações ainda reverberam, ricos com uma fortuna acumulada de harmonia, como a memória do acorde final do órgão pulsando para frente e para trás embaixo da abóbada de uma catedral.

Não menos do que a guerra ou a arte de governar, a história da economia tem suas eras heroicas. Em termos econômicos, o século XIX foi o equivalente aos bravos tempos sobre os quais lemos no *Beowulf* ou na *Ilíada.* Seus heróis lutaram, conquistaram ou foram conquistados, e não tinham tempo para pensar. Seus bardos, os românticos, cantavam com imenso arrebatamento não a respeito de heróis, e sim de coisas mais elevadas (pois eles eram Homeros que detestavam Aquiles), cantavam com a grande veemência que um dos heróis contemporâneos teria dedicado à exploração atroz dos pobres. Foi somente na segunda e na terceira gerações que os homens começaram a dispor de tempo ocioso e do distanciamento necessário para julgar o negócio todo – o heroísmo econômico e o bardismo romântico – um tanto vulgar. Villiers, como Gautama, foi um homem que teve tempo. Que ele fosse descendente de todos os Templários e Cavaleiros disso e daquilo era, em grande medida, irrelevante. O fato significativo foi o seguinte: ele era, ou de qualquer modo cronologicamente poderia ter sido, filho e neto de heróis econômicos e bardos românticos – um homem da decadência. Filhos têm sempre um desejo rebelde de que fiquem desiludidos com aquilo que encantou seus pais, e, querendo ou não, era difícil para um homem sensível observar e cheirar o cadáver já putrefato da civilização industrial e não se sentir chocado, imerso em pensamento angustiante. Villiers se sentiu devidamente chocado; e ele expressou seu choque em termos de um desdém aristocrático que foi quase bramânico em sua intensidade. Mas sua terminologia feudal era pouco mais do que um acidente. Nascidos sem nenhum traço das vantagens talvez lendárias da criação de Villiers, outros sensíveis da mesma geração pós-heroica ficaram chocados com idêntica profundidade. O rebento dos Templários tinha um vocabulário mais impressionante do que os outros – isso era tudo. Para os artistas mais inteligentes e constrangidos das últimas décadas do século XIX, uma aceitação franca demais das realidades óbvias da vida, modos entusiasmados demais e (para dizer de modo grosseiro) um exagerado "fazer das tripas coração" era bastante vulgar. *Vivre? Nos valets le feront pour nous.* (Aliás, os índices de suicídio seguiram uma curva acentuada para cima durante os anos 60. Em alguns países, é quase cinco vezes mais do que era setenta anos atrás.) Zola foi o lacaio mestre dessa era. Aquele interesse vulgar pela vida real! E aquele coração nas entranhas dele... o homem estava se preparando para virar um cozinheiro de tripas?

Alguns poucos novecentistas envelhecidos sobrevivem; alguns poucos jovens neonovecentistas, os quais julgam a arte e todas as outras atividades humanas em termos do Divertido e do Cansativo, brincam como gatinhos pelo chão com suas flores de cera e corujas empalhadas e antigas miçangas vitorianas. Contudo, velhos e jovens, eles são insignificantes. Coragem e uma aceitação do real já deixaram de ser vulgares. Por quê? O que aconteceu? Três coisas: a reação habitual de filhos contra pais, uma outra revolução industrial e uma redescoberta do mistério. Nós entramos (na verdade, talvez já tenhamos passado por ela) numa segunda era heroica da economia. Seus Homeros, é verdade, são quase sem exceção céticos, irônicos, denunciatórios. Mas esse ceticismo, essa ironia e essa denúncia são tão animados e veementes quanto aquilo que é colocado em dúvida e denunciado. Babbitt* infecta até mesmo seus detratores com um pouco de sua vitalidade saltitante. Os românticos, da mesma forma, possuíam uma energia proporcional à energia de seus inimigos, os heróis econômicos que estavam criando o industrialismo moderno. Vida gera vida, mesmo em oposição a si mesma.

Vivre? Nos valets le feront pour nous. Mas os físicos e psicólogos revelaram o universo como um lugar (apesar de tudo) tão fantasticamente esquisito que entregá-lo para ser apreciado por lacaios seria uma obra de humanitarismo gratuito. Servos não devem ser mimados. Os mais refinados espíritos não precisam ter vergonha em assumir um vigoroso interesse pelo mistério redescoberto do mundo real. É verdade, trata-se de um mundo sinistro, bem como misterioso e fascinante. E que bagunça, com todas as nossas boas intenções, nós fizemos e estamos fazendo no nosso canto especial desse mundo! O mesmo velho cadáver industrial – em certa medida desinfetado e galvanicamente estimulado, no momento, a uma aparência espasmódica de vida saudável – ainda apodrece à beira do caminho, como apodreceu no tempo de Villiers. E quanto à carniça de Gautama – essa, é claro, está sempre conosco. Existem, como sempre, excelentes razões para desespero pessoal; ao passo que os motivos de desespero sobre a sociedade são na verdade bem mais convincentes do que na maioria das vezes. Um recuo mallarmeano para dentro da poesia pura, uma delicada

* Referência ao personagem de romance de mesmo nome de Sinclair Lewis (1885-1951) que faz uma sátira da classe média americana. (N.E.)

evitação henry-jamesiana de todas as questões dolorosas pareceria ser justificada. Mas o espírito do tempo – o tempo industrialmente heroico no qual vivemos – se opõe a esses recolhimentos, essas entregas da vida nas mãos de lacaios. Ele impõe que precisamos "pressionar com língua enérgica contra o nosso palato" não apenas a uva da alegria, mas também todos os frutos do Mar Morto. Até o pó e as cinzas devem ser saboreados com deleite. Assim, a ficção americana moderna, como o fato americano moderno que ela reproduz com tanta precisão, é ampla e animada. E no entanto, "Pó e cinzas, pó e cinzas" é o tema fundamental e a moral final de praticamente todo romance americano moderno de qualquer distinção. O espírito elevado e uma vitalidade heroica são inseridos na expressão do desespero. A desesperança é quase rabelaisiana.

IV

Era vulgar no início do século XIX mencionar a palavra "lenço" no palco francês trágico. Uma convenção arbitrária decretara que personagens trágicos deviam habitar um mundo no qual narizes existem apenas para distinguir os nobres romanos dos gregos e hebreus, nunca para que sejam assoados. Convenções arbitrárias de um tipo ou de outro são essenciais à arte. Mas assim como a espécie de convenção varia de maneira constante, o mesmo ocorre com a vulgaridade correspondente. Estamos de volta entre as relatividades.

No caso do lenço temos uma particular e um tanto absurda aplicação de uma convenção artística muito amplamente aceita. Essa convenção é justificada pela antiga doutrina metafísica que distingue no universo dois princípios, a mente e a matéria, e que atribui à mente uma superioridade imensurável. Em nome desse princípio, muitas religiões exigiram o sacrifício do corpo; seus devotos responderam mortificando a carne e, em casos extremos, cometendo autocastração e até mesmo suicídio. A literatura tem seus maniqueístas tanto quanto a religião: homens que por princípio preferem exilar do mundo de sua arte o corpo e suas funções, que condenam como vulgares relatos demasiado particulares e detalhados da realidade física, como vulgar qualquer tentativa de relacionar eventos mentais ou espirituais com acontecimentos no corpo. Os habitantes de seu universo não são seres humanos, são heróis e heroínas trágicos que jamais assoam o nariz.

Artisticamente, a abolição de todos os lenços e de tudo aquilo que os lenços representam direta ou indiretamente tem certas vantagens. O mundo sem lenços, de puro espírito e mente é, para um adulto, o que mais se aproxima do infinitamente confortável ventre freudiano, pelo qual, como por um paraíso perdido, estamos sempre ansiando com enorme nostalgia. No mundo mental sem lenços nós ficamos à vontade para resolver as coisas no rumo de suas conclusões lógicas, podemos garantir o triunfo da justiça, podemos controlar o clima e (nas palavras das populares canções de anseio que são os hinos nacionais da Ventrelândia) realizar nosso Sonho mais Grandioso sob o Céu Majestoso de um Povo Venturoso. A natureza no mundo mental não é aquela coleção de objetos opacos, cansativos e recalcitrantes, tão desconcertantes para o homem de ciência, tão malignos e hostis ao homem de ação; é a substância luminosa e racional de uma natureza-filosofia hegeliana, uma manifestação simbólica dos princípios da dialética. Artisticamente, tal Natureza é bem mais satisfatória (porque é tão mais fácil lidar com ela) do que o monstro esquisito, um tanto sinistro e por fim bastante incompreensível pelo qual, quando nos aventuramos no lado de fora das nossas torres de marfim, nós somos engolidos num instante. E o homem, em relação ao qual, como Sófocles desde longa data observou, nada é mais monstruoso, mais maravilhoso, mais terrivelmente estranho (é difícil encontrar uma única palavra para exprimir o seu *deinoteron*) – o homem, também, é um assunto muito insatisfatório para a literatura. Pois essa criatura de inconsistências pode viver em inúmeros planos de existência. Ele é o habitante de uma espécie de Woolworth Building* psicológico; você nunca sabe – ele mesmo nunca sabe – em qual andar ele vai sair amanhã, e nem mesmo se, daqui a um minuto, ele não vai colocar na cabeça uma ideia de pular para dentro do elevador e disparar para cima uma dúzia de andares ou descer talvez uns vinte em busca de um modo de ser totalmente diverso. O efeito da condenação maniqueísta do corpo é reduzir de um só tempo esse arranha-céu impossível a menos da metade de sua altura original. Confinado doravante aos andares mentais de seu ser, o homem torna-se um assunto quase facilmente administrável para o escritor. Nas tragédias francesas (as obras de arte mais completamente maniqueístas já criadas), a luxúria em si deixou de ser corpórea e assume o seu lugar entre os outros símbolos abstratos, com os quais os autores escrevem suas estranhas equações algébricas de paixão e conflito. A beleza dos símbolos algébricos reside na sua universalidade; eles não representam um caso particular, representam todos os casos. Maniqueístas, os escritores clássicos limitaram-se exclusivamente ao estudo do homem como uma criatura de razão pura e paixões desencarnadas. Ora, o corpo particulariza e separa, a mente une. Pelo próprio ato da imposição de limitações os classicistas foram habilitados

* Arranha-céu novaiorquino de 57 andares, inaugurado em 1913. (N.E.)

a alcançar uma certa universalidade de declaração que é impossível para aqueles que tentam reproduzir as particularidades e incompletudes da vida corpórea real. Mas o que eles ganharam em universalidade eles perderam em vivacidade e verdade imediata. Você não pode obter algo por nada. Algumas pessoas pensam que a universalidade pode ter um preço alto demais.

Para reforçar seu código ascético os classicistas tiveram de inventar um sistema de sanções críticas. A principal delas era o estigma de vulgaridade ligado a todos aqueles que insistissem com excessiva minúcia no lado físico da existência do homem. Falar sobre lenços numa tragédia? O solecismo era tão monstruoso quanto palitar os dentes com um garfo.

Num jantar em Paris, não muito tempo atrás, eu me vi sentado ao lado de um francês professor de inglês, o qual me garantiu no decorrer de uma conversa sob todos os outros aspectos muito agradável que eu era um dos membros mais eminentes da escola neoclássica e que era na condição de um dos membros mais eminentes da escola neoclássica que eu era examinado em sala de aula por estudantes avançados de literatura inglesa contemporânea sob sua tutela. A novidade me deprimiu. Classificado, como um espécime de museu, e examinado em sala de aula, eu me senti póstumo com o maior dos desalentos. Mas isso não era tudo. O pensamento de que eu era um neoclássico perturbou a minha mente – um neoclássico sem saber, um neoclássico contra todos os meus desejos e intenções. Porque eu nunca tive a menor ambição de ser um clássico de qualquer espécie, seja Neo, Paleo, Proto ou Eo. Por nada no mundo. Porque, para começar, eu tenho um gosto pelo vívido, pelo misturado e pelo incompleto na arte, preferindo isso ao universal e ao quimicamente puro. Em segundo lugar, considero a disciplina clássica, com sua insistência em eliminação, concentração e simplificação, como sendo, apesar de todas as dificuldades formais que impõe ao escritor, essencialmente uma fuga, uma saída da maior dificuldade – que é exprimir de forma adequada, em termos de literatura, essa coisa infinitamente complexa e misteriosa, a realidade factual. O mundo da mente é uma Ventrelândia confortável, um lugar para onde fugimos da desconcertante estranheza e multiplicidade do mundo real. A matéria é incomparavelmente mais sutil e mais intrincada do que a mente. Ou, para dizer de uma maneira um pouco mais filosófica, a consciência dos eventos que temos de imediato, através de nossos sentidos e intuições e sentimentos, é incomparavelmente mais sutil do que qualquer ideia seguinte que possamos formar a partir dessa consciência imediata. As nossas teorias mais refinadas, as nossas descrições mais elaboradas não passam de simplificações cruas e bárbaras de uma realidade que é, em cada amostra minúscula, infinitamente complexa. Ora, simplificações precisam, é claro, ser feitas; se não fossem, seria de todo impossível lidar artisticamente (ou, no tocante à questão, cientificamente) com a realidade. Qual é a menor quantidade de simplificação compatível com a compreensibilidade, compatível com a expressão de um propósito humanamente significativo? É tarefa do escritor não clássico e naturalista descobrir. Sua ambição é reproduzir, em termos literários, a qualidade da experiência imediata – em outras palavras, exprimir aquilo que é afinal inexprimível. Sequer chegar perto de alcançar essa impossibilidade é muito mais difícil, me parece, do que, por meio de eliminação e simplificação, alcançar o ideal clássico perfeitamente realizável. A supressão de todas as particularidades complexas de uma situação (o que significa, como vimos, suprimir tudo que é corpóreo nela) me soa como mero esquivamento artístico. Mas eu desaprovo o esquivamento das dificuldades artísticas. Portanto, eu me vejo desaprovando o classicismo.

A literatura também é filosofia, também é ciência. Em termos de beleza, ela enuncia verdades. As verdades-beleza das melhores obras clássicas possuem, como vimos, uma certa universalidade algébrica de significação. As obras naturalistas contêm as mais detalhadas verdades-beleza da observação particular. Essas verdades-beleza da arte são verdadeiramente científicas. Tudo aquilo que os psicólogos modernos fizeram, por exemplo, é sistematizar e desembelezar os vastos tesouros de conhecimento sobre a alma humana contidos em romances, peças, poemas e ensaios. Escritores como Blake e Shakespeare, como Stendhal e Dostoiévski, ainda têm muito para ensinar ao profissional científico moderno. Há uma rica safra científica por ser colhida nas obras de escritores até mesmo menores. Por natureza um historiador natural, sou ambicioso por adicionar minha cota à soma de verdades-beleza particularizadas sobre o homem e suas relações com o mundo ao redor. (Aliás, esse mundo de relacionamentos, essa fronteira entre "subjetivo" e "objetivo" é uma fronteira que a literatura é bem capacitada de modo peculiar, talvez único, para explorar.) Eu não quero ser um clássico, nem mesmo um neoclássico, eliminador e generalizador.

Isso significa, entre outras coisas, que eu não posso aceitar a excomunhão do corpo cometida pelos classicistas. Eu acho que não apenas é permissível, como também é necessário, que a literatura deva tomar conhecimento da fisiologia e deva investigar as relações ainda obscuras entre a mente e seu corpo. É verdade, muitas pessoas julgam os relatórios de tais investigações, quando não estão escondidos em livros didáticos científicos e redigidos na obscuridade decente de um jargão greco-latino, como vulgares e indesculpáveis ao extremo; e muitos mais os consideram nada menos do que perversos. Eu mesmo fui acusado com frequência, por resenhistas em público e por leitores não profissionais em correspondência privada, tanto de vulgaridade quanto de perversidade – pela razão, até onde eu jamais fui capaz de descobrir, de que relatei minhas investigações sobre certos fenômenos em inglês claro e num romance. O fato de que muitas pessoas fiquem chocadas com aquilo que um autor escreve praticamente impõe como um dever a ele continuar chocando essas pessoas. Pois aqueles que ficam chocados com a verdade não são apenas estúpidos, são também repreensíveis no nível moral; os estúpidos deveriam ser educados, e os perversos, punidos e reformados. Todos esses fins louváveis podem ser obtidos por um curso de choque; a dor retributiva será infligida aos odiadores-da-verdade pelas primeiras verdades chocantes, cuja repetição irá inocular aos poucos em quem as lê uma imunidade à dor e acabará por reformar e educar os criminosos estúpidos para longe do ódio-da-verdade. Porque uma verdade familiar deixa de causar choque. Torná-la familiar é, portanto, um dever. É também um prazer. Porque, como diz Baudelaire, "*ce qu'il y a d'enivrant dans le mauvais goût, c'est le plaisir aristocratique de déplaire*"*.

V

O prazer aristocrático de desagradar não é o único deleite que o mau gosto pode render. O sujeito pode amar uma certa espécie de vulgaridade por si mesma. Ultrapassar as restrições artísticas, protestar demais pela diversão de protestar em estridência barroca – tais

* O que há de deleitável no mau gosto é o prazer aristocrático de desagradar. (N.E.)

delitos contra o bom gosto são intoxicantes e deliciosos de cometer, não porque desagradem outras pessoas (pois aos olhos da grande maioria eles são antes agradáveis do que o contrário), mas porque são intrinsecamente vulgares, porque o bom gosto contra o qual cometem ofensa é tanto quanto possível um bom gosto absoluto; são delitos artísticos que têm a emocionante qualidade do pecado contra o Espírito Santo.

Foi Flaubert, eu creio, quem descreveu como ele foi tentado, enquanto escrevia, por enxames de imagens espalhafatosas e como, um novo Santo Antônio, ele as esmagou com crueldade, como piolhos, contra a parede nua de seu estúdio. Ele resolvera que seu trabalho deveria ser adornado apenas com sua própria beleza intrínseca e sem quaisquer joias exteriores, por mais que fossem encantadoras em si mesmas. A santidade desse asceta das letras foi recompensada de modo merecido; não há nada em todos os escritos de Flaubert que lembre remotamente uma vulgaridade. Aqueles que seguem a religião dele devem orar pela força de imitar o santo. A força raras vezes é concedida. As tentações que Flaubert colocou de lado são, para qualquer homem de intelecto ativo e imaginação animada, incrivelmente difíceis de ser resistidas. Uma imagem se apresenta, resplandecente, iridescente; capture-a, fixe-a no papel, por mais que seja irrelevante e brilhante demais para o contexto. Uma frase, uma situação sugere todo um encadeamento de ideias marcantes ou divertidas que saem pela tangente, por assim dizer, do mundo redondo no qual o criador está trabalhando; que bela oportunidade para dizer algo espirituoso ou profundo! É verdade, o ornamento terá uma natureza de rubicunda excrescência em relação ao trabalho total; mas pouco importa. Lá vem a tangente – ou melhor, lá se vai, no rumo da irrelevância artística. E lá vem a frase eficaz que é eficaz demais, colorida e berrante demais para o que se quer expressar; lá vem a ironia enfática demais, a cena trágica demais, a tirada patética demais, a descrição poética demais. Se sucumbirmos a todas essas tentações deliciosas, se dermos boas-vindas a todos esses piolhos espalhafatosos em vez de esmagá-los em seu primeiro aparecimento, o nosso trabalho em breve brilhará como um novo-rico sul-americano, deslumbrante com seus ornamentos parasitários, e vulgar. Para um artista constrangido, há um prazer extraordinário em saber com exatidão o que os resultados de se exibir e protestar demais decerto serão e depois (apesar desse conhecimento, ou por causa dele) prosseguir, de forma deliberada e com todas as habilidades a seu comando, para cometer precisamente essas vulgaridades, contra as quais sua consciência o adverte e das quais ele sabe que vai se arrepender depois. Ao prazer aristocrático de desagradar outras pessoas, o consciente ofensor contra o bom gosto pode adicionar o prazer ainda mais aristocrático de desagradar a si mesmo.

VI

Eulalie, Ulalume, o Corvo e os Sinos, o Verme Conquistador e o Palácio Assombrado... Foi Edgar Allan Poe um poeta magistral? Por certo nunca ocorreria que um crítico de língua inglesa o dissesse. E no entanto na França, de 1850 até o presente momento, os melhores poetas de cada geração – sim, e os melhores críticos também; pois, como a maioria dos poetas excelentes, Baudelaire, Mallarmé e Paul Valéry são na mesma medida críticos admiráveis – fizeram questão de louvá-lo. Apenas um ou dois anos atrás monsieur Valéry repetiu o agora tradicional encômio de Poe, e acrescentou ao mesmo tempo um protesto contra a fraqueza do nosso louvor inglês. Nós que somos falantes de inglês e não eruditos ingleses, que nascemos dentro da língua e desde a infância fomos conservados na salmoura de sua literatura – nós só podemos dizer, com todo o devido respeito, que Baudelaire, Mallarmé e Valéry estão errados e que Poe não é um dos nossos poetas magistrais. Uma nódoa de vulgaridade macula, para o leitor inglês, todos exceto dois ou três de seus poemas – os maravilhosos "Cidade no mar" e "Para Helen", por exemplo, cuja beleza e perfeição cristalina nos fazem perceber, enquanto os lemos, o grandioso artista que pereceu na maioria das ocasiões quando Poe escreveu verso. É para esse artista perecido que os poetas franceses oferecem o seu tributo. Não sendo ingleses, eles são incapazes de apreciar as tonalidades mais delicadas de vulgaridade que arruínam Poe para nós, assim como nós, não sendo franceses, somos incapazes de apreciar as tonalidades mais delicadas de beleza lírica que são, para eles, as qualidades essenciais de La Fontaine.

A substância de Poe é refinada; é sua forma o que é vulgar. Ele é, por assim dizer, um dos Cavalheiros da Natureza, infelizmente amaldiçoado com incorrigível mau gosto. No homem mais sensível e puro de alma deste mundo nós teríamos dificuldade em perdoar, digamos, o uso de um anel de diamante em cada dedo. Poe faz o equivalente a isso em sua poesia; nós percebemos o solecismo e estremecemos. Observadores estrangeiros não o percebem; eles detectam apenas o cavalheirismo nativo na intenção poética, não a vulgaridade nos detalhes da execução. Para eles, nós parecemos injustos de um modo perverso e um tanto incompreensível.

É quando Poe tenta tornar a coisa poética demais que a sua poesia ganha o peculiar matiz de ruindade. Protestando demais ser um cavalheiro, e de quebra opulento, ele cai na vulgaridade. Anéis de diamante em cada dedo proclamam o novo-rico.

Consideremos, por exemplo, as duas primeiras estrofes de "Ulalume".

The skies they were ashen and sober;
The leaves they were crisped and sere –
The leaves they were withering and sere;
It was night in the lonesome October
Of my most immemorial year:
It was hard by the dim lake of Auber,
In the misty mid region of Weir –
It was down by the dank tarn of Auber,
In the ghoul-haunted woodland of Weir.

Here once, through an alley Titanic,
Of cypress, I roamed with my Soul –
Of cypress, with Psyche, my Soul.
These were days when my heart was volcanic
As the scoriac rivers that roll –
As the lavas that restlessly roll
Their sulphurous currents down Yaanek
In the ultimate climes of the pole –
That groan as they roll down Mount Yaanek
*In the realms of the boreal pole.**

* "Os céus estavam cinéreos e sombrios; / As folhas estavam encrespadas e ressequidas – / As folhas estavam murchas e ressequidas; / Era noite no outubro solitário / Do mais imemorial dos meus anos; / Foi junto ao turvo lago de Auber, / Na nebulosa região central de Weir – / Foi no úmido lago de Auber / Na mata assombrada por carniçais de Weir. / Aqui certa vez, por uma alameda titânica, / De cipreste, eu vaguei com minha alma, / De cipreste, com Psique, minha alma. / Eram dias em que o meu coração estava vulcânico / Como os rios escoriáceos que correm – / Como as lavas que inquietamente correm / Suas correntes sulfurosas Yaanek abaixo / Nos máximos climas do polo – / Que gemem ao rolar pelo Monte Yaanek / Nos domínios do polo boreal." (N.T.)

Esses versos protestam demais (e com tamanha variedade de vozes!) que são poéticos e, protestando, são portanto vulgares. Para começar, o acachapante metro dactílico é musical num nível exagerado. A poesia deveria ser musical, mas musical com tato, sutileza e variação. Metros cujos ritmos, como nesse caso, são fortes, insistentes e praticamente invariáveis oferecem ao poeta uma espécie de atalho à musicalidade. Fornecem a ele (meu assunto pede uma mistura de metáforas) uma música de medida pronta, uma roupa de segunda mão. Ele não precisa criar uma música apropriadamente modulada para sua intenção; tudo que ele tem de fazer é enfiar a intenção no fluxo em movimento do metro e deixar que a corrente a carregue ao longo das ondulações que, como aquelas feitas pelos melhores cabeleireiros, têm garantia de permanência. Muitos poetas do século XIX usaram esses atalhos métricos para obter música, com resultados artísticos fatais.

Then when nature around me is smiling,
The last smile which answers to mine,
I do not believe it beguiling,
*Because it reminds me of thine.**

Como alguém pode levar a sério até mesmo Byron, quando ele protesta sua musicalidade em cadências tão gritantes e vulgares? É apenas por sorte ou por uma destreza poética quase sobre-humana que esses metros demasiado musicais podem chegar a soar, graças a seus insistentes ritmos de realejo, a música intrincada e pessoal da intenção do próprio poeta. Byron por vezes, durante um ou dois versos, retira o duro enroscamento

* "Então, quando a natureza ao meu redor está sorrindo, / O último sorriso que responde ao meu, / Não o creio enganoso, / Porque ele me lembra do teu." (N.T.)

dessas ondulações dactílicas permanentes e se mostra, por assim dizer, em seu próprio cabelo musical; e Hood, com um prodígio de técnica incomparável, transforma inclusive a música de segunda mão da "Ponte dos Suspiros" numa música pessoal, feita na medida do tema e da própria emoção dele. Moore, ao contrário, está sempre deveras contente com a permanente ondulação; e Swinburne*, esse super-Moore de uma geração posterior, também ficava contente em ser um permanente ondulador – o mais talentoso, talvez, de toda a história da literatura. A complexidade das suas músicas de medida pronta e sua destreza técnica em variar o número, a forma e o contorno de suas ondulações permanentes são simplesmente assombrosas. Todavia, como Poe e os outros, ele protestou demais, tentou ser poético demais. Por mais elaborados e tortuosos que possam ser os seus atalhos à música, eles não deixam de ser atalhos – e atalhos (esta é a ironia) para a vulgaridade poética.

Uma citação e uma paródia irão ilustrar a diferença entre a música de medida pronta e a música feita para medir. Eu recordo (confio que corretamente) um símile de Milton:

Like that fair field
Of Enna, where Proserpine gathering flowers,
Herself a fairer flower, by gloomy Dis
Was gathered, which cost Ceres all that pain
To seek her through the world.

Rearranjados de acordo com seu fraseado musical, esses versos teriam de ser escritos assim:

* Algernon Charles Swinburne (1837-1909): poeta e dramaturgo vitoriano que tratou de temas polêmicos (lesbianismo, sadomasoquismo etc). (N.E.)

Like that fair field of Enna,
where Proserpine gathering flowers,
Herself a fairer flower,
by gloomy Dis was gathered,
Which cost Ceres all that pain
*To seek her through the world.**

O contraste entre a rapidez lírica das quatro primeiras frases e a sequência de claudicantes espondeus que falam da dor de Ceres é apropriado e penetrante. Sob medida, a música se encaixa no sentido como uma luva.

Como Poe teria escrito sobre o mesmo tema? Eu me aventurei a inventar sua estrofe de abertura.

It was noon in the fair field of Enna,
When Proserpina gathering flowers –
Herself the most fragrant of flowers,
Was gathered away to Gehenna
By the Prince of Plutonian powers;
Was borne down the windings of Brenner
To the gloom of his amorous bowers –
Down the tortuous highway of Brenner
*To the god's agapemonous bowers.***

A paródia não é afrontosa demais para ser criticamente despropositada; e de qualquer modo a música é Poe genuíno. Essa ondulação permanente é sem sombra de dúvida uma *ondulation de chez Edgar*. O metro

* "Como aquele belo campo de Enna, / onde Prosérpina colhendo flores / Ela mesma uma flor mais bela, / pelo soturno Dis foi colhida, / Custando a Ceres a imensa dor / De procurá-la pelo mundo." (N.T.)

** "Era meio-dia no belo campo de Enna, / Quando Prosérpina colhendo flores – / Ela mesma a mais fragrante das flores, / Foi colhida e levada a Geena / Pelo príncipe de plutônios poderes; / Foi levada pela descida sinuosa do Brennero / Rumo à escuridão de seus caramanchões amorosos – / Pela tortuosa estrada do Brennero / Rumo aos caramanchões agapemonitas do deus." (N.T.)

demasiado musical é (para mudar a metáfora mais uma vez) como uma rica casula, tão rígida com ouro e pedras preciosas que fica ereta sem apoio, uma carapaça de joias ressoantes, para dentro da qual, como um pequeno e arrogante seminarista, o sentido se esgueira, irrelevante, e se perde. Essa música de Poe – como ela é de fato muito menos musical do que aquela que, a partir de seus decassílabos quase neutros, Milton moldou de propósito para encaixar a beleza esguia de Proserpina, a força e a rapidez do violador e a forte tristeza desesperada de sua mãe!

Sobre a versificação de "O corvo" Poe afirma, em sua *Filosofia da composição*: "Meu primeiro objetivo (como de costume) foi a originalidade. O grau no qual ela tem sido negligenciada na versificação é uma das coisas mais inexplicáveis do mundo. Admitindo que há pouca possibilidade de variação no mero *ritmo*, ainda é claro que as variações possíveis de metro e estrofe são absolutamente infinitas – e no entanto, *durante séculos, nenhum homem, em verso, jamais fez ou jamais pareceu pensar em fazer uma coisa original*". Esse fato, que Poe dificilmente exagera, diz tudo a respeito do bom senso dos poetas. Sentindo que quase todos os metros e estrofes notavelmente originais eram apenas ilegítimos atalhos para uma música que, quando alcançada, revelava não passar de uma mísera e vulgar substituta para a música individual, eles se aferraram, com sabedoria, aos menos ostensivamente musicais metros da tradição. O decassílabo iâmbico comum, por exemplo, é intrinsecamente musical o bastante para ser bem capaz, quando necessário, de se manter por si só. Mas a sua rigidez musical pode ser facilmente retirada. Ele pode ser ora uma casula, uma carapaça dourada de som, ora, se o poeta assim o desejar, um material maleável, macio e, musicalmente falando, quase neutro, com o qual ele pode moldar uma música especial de sua própria autoria para encaixar seus pensamentos e sentimentos em todas as suas transformações incessantes. Bons pintores paisagistas raras vezes escolhem um assunto "pitoresco"; eles querem pintar o seu próprio quadro, não o que é imposto pela natureza. Nos pequenos lugares completamente pintáveis deste mundo você vai encontrar, em geral, apenas pintores ruins. (É tão fácil pintar o completamente pintável.) Os bons preferem as neutralidades nada espetaculares dos condados locais em vez das enseadas córnicas e vilarejos de pescadores ligurinos, cujo caráter pitoresco é o deleite de todos aqueles que não têm quadros próprios para projetar na tela. Ocorre o mesmo com a poesia: os bons poetas evitam o que eu posso chamar, por analogia, de metros "musiquescos", preferindo criar sua própria música com base em matérias-primas que sejam tanto quanto possível neutras. Somente maus poetas, ou bons poetas quando contrariam o bom senso, e por engano, recorrem ao Musiquesco em busca de material. "Durante séculos, nenhum homem, em verso, jamais fez ou jamais pareceu pensar em fazer uma coisa original." Coube a Poe e aos outros metricistas do século XIX fazê-lo; como Procrustos, eles torturaram e amputaram o significado para encaixá-lo na música de medida pronta dos seus altamente originais metros e estrofes. O resultado foi, na maioria dos casos, tão vulgar quanto um Nascer do Sol de Academia Real no Ben Nevis (com gado das montanhas) ou um genuíno esboço pintado à mão de Portofino.

Como pôde um juiz tão exigente quanto Baudelaire ouvir a música de Poe e não se dar conta de sua vulgaridade? Uma feliz ignorância da versificação inglesa o preservou, eu imagino, dessa percepção. Suas próprias imitações de hinos medievais provam o quanto ele estava longe de compreender os primeiros princípios de versificação numa língua onde os acentos tônicos não são, como no francês, iguais, mas são irregulares de maneira essencial e insistente. Em seus poemas latinos Baudelaire faz o fantasma de Bernardo de Cluny escrever como se tivesse aprendido sua arte com Racine. Os princípios da versificação inglesa são muito parecidos com os do latim medieval. Se Baudelaire pôde descobrir versos compostos de sílabas igualmente acentuadas em Bernardo, ele também deve tê-las descoberto em Poe. Interpretados de acordo com princípios racinianos, versos como

It was down by the dank tarn of Auber
In the ghoul-haunted woodland of Weir

devem ter assumido, para Baudelaire, sabe-se lá qual exótica sutileza de ritmo. Nós nunca poderemos ter esperança de adivinhar o que significa essa mata assombrada por carniçais para um francês que tem apenas um conhecimento teórico e distante da nossa língua.

Voltando agora para "Ulalume", constatamos que o seu metro demasiado poético tem o efeito de vulgarizar por contágio artifícios técnicos que seriam, de outra forma, perfeitamente inofensivos e refinados. Assim, até mesmo as aliterações bastante moderadas em "*the ghoul-haunted woodland of Weir*" parecem protestar demais. E no entanto um verso iâmbico começando com "*Woodland of Weir, ghoul-haunted*" não soaria nem um pouco ultrapoético. É só no ambiente dactílico que esses dois Ws nos passam uma impressão de protesto exagerado.

E então temos os nomes próprios. Bem utilizados, nomes próprios podem ser invocados para produzir os mais emocionantes efeitos mágico-musicais. Mas faça uso deles sem critério e a mágica se evapora num absurdo abracadabrical, ou se torna sua própria paródia de zombaria; a música de ênfase excessiva guincha primeiro na vulgaridade e afinal no ridículo. Poe tende a colocar seus nomes próprios na posição mais conspícua do verso (ele as usa o tempo inteiro como palavras de rima), exibindo-as – essas joias mágico-musicais – como um *rastacouaire* [rastaquera] poderia ostentar os cabochões de esmeraldas gêmeas em seus punhos de camisa e o relógio de pulso de platina, com seu monograma em diamantes. Essas joias rimadas de nome próprio são particularmente chamativas no caso de Poe porque são, na maioria, dissílabos. Ora, a rima dissilábica, em inglês, é poeticamente tão preciosa e tão conspícua por sua riqueza que, se não é perfeita em si mesma e utilizada com perfeição, enfaticamente arruína o que pretende adornar com ênfase. Assim, som e associação fazem de "Thule" um nome próprio mágico-musical de excepcional poder. Mas quando Poe escreve,

> *I have reached these lands but newly*
> *From an ultimate dim Thule,**

ele estraga o efeito que a palavra deveria produzir, insistindo demais, e de modo incompetente, em sua musicalidade. Ele exibe a sua joia da forma mais conspícua que pode, mas apenas revela, com isso, a ruindade do seu engastamento e o seu próprio amor levantino pela exibição. Porque "*newly*" não rima com "*Thule*" – ou só rima na condição de que você pronuncie o advérbio como se você fosse um bengali, ou o nome como se você fosse de Whitechapel. A amante do rei de Goethe rimava perfeitamente com o nome do reino dele; e quando Laforgue escreveu sobre aquele "*roi de Thulé, Immaculé*", sua *rime riche* estava totalmente acima de qualquer suspeita. As rimas ricas de Poe, ao contrário, raras vezes ficam acima de qualquer suspeita. O "*dank*

---

* "Acabei de chegar a estas terras / Vindo de uma última e turva Thule,". (N.T.)

tarn of Auber" é mais do que duvidoso como companheiro poético adequado para o décimo mês; e embora o "*Mount Yaanek*" seja, *ex hypothesi* [por exemplo], um vulcão, a rima com "*volcanic*" é francamente impossível. Em outras ocasiões os nomes próprios de Poe rimam não apenas bem o bastante mas de fato, no contexto particular, muitíssimo bem. O morto D'Elormie, na "Balada nupcial", tem prosódia ordenada porque Poe trouxera seus ancestrais com o Conquistador (como ele também importou os ancestrais daquele Guy de Vere que chorou sua "*tear*"* sobre Lenore) no propósito expresso de providenciar uma rica rima mágico-musical para "*bore me*" e "*before me*".** O morto D'Elormie é primo-irmão do velho Tio Arly de Edward Lear, sentado num monte de "*Barley*"*** – ridículo; mas também (ao contrário do querido Tio Arly) é horrivelmente vulgar, por causa da delícia demasiado musical de seu nome inventado e da sua ostentação, com imensa seriedade trágica, de uma linhagem normanda obviamente falsificada. O morto D'Elormie é um desastre poético.

VII

É vulgar, na literatura, fazer uma ostentação de emoções que você não tem ao natural, mas pensa que deveria ter, porque todas as melhores pessoas as têm. É também vulgar (e este é o caso mais comum) ter emoções mas expressá-las tão mal, com tantos inúmeros protestos, que você parece não ter sentimentos naturais, parece estar apenas fabricando emoções por um processo de falsificação literária. Sinceridade em arte, como já

* "Lágrima." (N.T.)

** "Me levou" e "diante de mim". (N.T.)

*** "Cevada." (N.T.)

salientei em outro momento, é sobretudo uma questão de talento. As cartas de amor de Keats soam verdadeiras porque ele tinha grandes dotes literários. A maioria dos homens e mulheres é capaz de sentir paixão, mas não de expressá-la; suas cartas de amor (como aprendemos com os espécimes lidos em voz alta em inquéritos e julgamentos de assassinato, no tribunal de divórcio, durante casos de quebra de compromisso) ou são rasas de modo banal ou são bombásticas de modo banal. Em ambos os casos são manifestamente insinceras, e no segundo caso também vulgares – porque protestar demais é sempre vulgar, quando os protestos são tão incompetentes que não transmitem convicção. E talvez esses protestos excessivos jamais possam ser convincentes, por mais talentoso que seja o protestante. D'Annunzio*, por exemplo – ninguém poderia se sair melhor no ato de escrever do que D'Annunzio. Mas quando, como é com grande frequência o caso, ele faz muito barulho por nada, nós achamos difícil que sejamos convencidos da importância do nada, ou da sinceridade da emoção do autor a respeito – e isso apesar do incomparável esplendor do barulho de D'Annunzio. É verdade, protestos excessivos podem convencer um determinado público num determinado momento. Mas, quando mudaram as circunstâncias que tornaram o público sensível à força e cego à vulgaridade da protestação demasiada, os protestos param de convencer. O *Homem sensível*, de Mackenzie, por exemplo, protesta a sensibilidade de seu autor com uma extravagância que parece agora não apenas vulgar mas positivamente ridícula. Na época de sua publicação o sentimentalismo era, por diversas razões, elegante ao extremo. As circunstâncias mudaram e *O homem sensível* revelou-se vulgar ao ponto do risível;

* Gabriele D'Annunzio (1863-1938): poeta e dramaturgo italiano. (N.E.)

e vulgar e risível o livro permaneceu desde então e sem dúvida irá permanecer.

De novo, para usar um exemplo mais moderno, as circunstâncias conspiraram para disfarçar a vulgaridade fundamental dos excessivos protestos de filantropia humanitária com os quais, durante a guerra, monsieur Romain Rolland encheu seu panfleto pacifista. Na época pareceram (dependendo das convicções políticas do leitor) sublimes ou diabolicamente perversos. As circunstâncias mudaram e agora nós ficamos chocados com o caráter indiscriminado e pouco inteligente da benevolência universal protestada aos gritos por monsieur Rolland. Quando disse "Ame os seus inimigos", Jesus afirmou (ele era um realista) que existiam inimigos para amar. O humanitarismo de monsieur Rolland foi um passo adiante; não existiam inimigos, ninguém estava errado, ninguém merecia condenação, exceto talvez por lutar. Havia uma generalizada obliteração de distinções; tudo se dissolvia numa consistência de lavagem. Monsieur Rolland serviu sua deliciosa sopa emocional, despejo após despejo, em generosas conchas cheias, de prosa indistinta e enfática e portanto eminentemente vulgar e pouco convincente. O panfleto era bem-intencionado ao infinito e, na época, uma performance valiosa em termos políticos. Mas como literatura era vulgar – vulgar porque seus excessos de sentimento eram um tanto desequilibrados por quaisquer excessos de inteligência criteriosa; vulgar porque as espalhafatosas protestações de seu estilo eram marcadas pela mais completa falta de beleza ou elegância. "*Le style c'est l'âme*", disse monsieur Rolland certa vez, aprimorando (como é característico!) o dito anterior. O comentário de Papini foi indelicado: monsieur Rolland não tem nenhum estilo.

Logo após a guerra, monsieur Rolland escreveu um romance que foi, a seu próprio modo e de uma maneira bem menos desculpável, tão vulgar quanto seu panfleto dos tempos da guerra. Estou me referindo ao doloroso e (no sentido artístico e não, é claro, no sentido moral) profundamente "insincero" livro *Colas Breugnon*. *Colas Breugnon* é espalhafatoso com protestos de uma jovialidade positivamente rabelaisiana. *Malgré tout*, um pacifista pode ser um bom sujeito e apreciar sua garrafa de borgonha tanto quanto qualquer outro homem. Lendo-o, a pessoa se lembrava daquelas muitíssimo perturbadoras exibições de zombaria e alacridade jocosa por meio das quais certos clérigos tentam com bastante empenho fazer pouco-caso de seus colarinhos de cachorro e curiosos coletes. "Parece-me que o cavalheiro protesta por demais" é o que dizemos a nós mesmos quando temos de suportar uma dessas manifestações de Cristianismo Chistoso. O pacifismo pantagruélico é perturbador na mesma medida quando falha em resultar (porque o sucesso, eu suponho, justificará quase tudo) num Cristianismo Chistoso. *Colas Breugnon* fracassou do modo mais lamentável em dar bom resultado. Seus protestos de lírica estridente (tão líricas que a prosa de monsieur Rolland ficava o tempo todo se transformando, por engano, em vazios alexandrinos) eram simplesmente vulgares. Vulgar, de qualquer maneira, para mim e, até onde tenho conhecimento, para diversos outros leitores que, quem sabe por autoelogio, eu respeito. Mas também já encontrei pessoas nas quais a prosa demasiado poética e os protestos pacífico-pantagruélicos de *Colas Breugnon* causaram convicção. A vulgaridade lhes escapou à percepção, e elas ficaram genuinamente comovidas por algo que me pareceu, na condição de literatura, uma óbvia "insinceridade".

Em casos como esse a pessoa pode, por um lado, encolher os ombros e dizer que gosto não se discute.

Por outro, a pessoa pode se adiantar e explicar esses gostos, com ousadia, invocando ora uma influência de circunstâncias ambientais e especiais, ora uma fatalidade congênita. A vulgaridade do *Homem sensível* escapou à percepção da maioria de seus leitores porque, na época de sua publicação, o sentimentalismo era, por razões históricas especiais, visto com bons olhos de uma forma extraordinária. De modo similar podem ocorrer, na história e no ambiente de certos indivíduos e certas classes, circunstâncias especiais que tornam imperceptíveis alguns tipos de vulgaridade em geral reconhecidos. Mas existe uma cegueira natural em relação à vulgaridade tanto quanto existe uma cegueira adquirida. Os brâmanes da hierarquia crítica são sensíveis às diferenças de sombra e tom que, entre os sudras, passam quase despercebidas. Desnecessário dizer, cada um de nós imagina que o seu lugar é entre os brâmanes. Eu farei, como é natural, essa suposição universal – de forma justificada, dadas as circunstâncias; porque um crítico não pode exercer sua função a menos que primeiro suponha estar certo; mais certo do que qualquer outra pessoa, ou do que uns poucos juízes especificamente excetuados. Tendo feito essa suposição, estou autorizado a dizer que todos aqueles que não concordam comigo (e com aqueles que pensam como eu) sobre a vulgaridade de uma determinada obra são membros de uma casta inferior na hierarquia crítica – isto é, a menos que eles possam invocar como desculpa pelo julgamento ruim a pressão de circunstâncias externas especiais. Aqui eu posso falar sem irrelevância sobre uma curiosa lerdeza de percepção, uma falta de discernimento exibida, como todo crítico já deve ter tido várias oportunidades de descobrir com espanto, inclusive por leitores que parecem ser inteligentes, para não mencionar todos os outros. Uma vez que todos nós sabemos ler, imaginamos saber o que estamos lendo. Enorme falácia! Na realidade, eu imagino, o dom do discernimento literário é no mínimo tão raro quanto o dom do discernimento musical. Mas e se a música não fosse um luxo educacional, se toda e qualquer criança aprendesse suas notas como hoje aprende suas letras, se tocar piano fosse, como geometria e gramática francesa, uma matéria compulsória nos currículos de todas as escolas, como seria então? Por acaso nós admitiríamos com a mesma tranquilidade a nossa falta de discernimento musical como admitimos no presente momento, quando a maioria de nós jamais aprendeu a ler uma simples melodia ou tocar qualquer instrumento? Acho que não. Conhecendo algo a respeito de técnica musical, nós imaginaríamos que sabemos algo (ou, mais provavelmente, que sabemos tudo) sobre sua substância. Seja como for, isso é o que parece ter acontecido no caso da literatura. Uma vez que passamos alguns anos adquirindo a arte da leitura de livros, pensamos ter adquirido a arte de julgá-los. Contudo, a despeito da educação universal, ainda existem vastos contingentes de pessoas que de maneira espontânea amam a obra inferior quando a leem, e contingentes ainda maiores que, amando a obra superior, amam também, se não a inferior, de todo modo a obra baixa ou mediana com um entusiasmo idêntico e bastante indiscriminado. Para um crítico sensível os julgamentos dedicados a livros por pessoas muito inteligentes e altamente educadas com frequência parecem desconcertantes em sua irrelevância e aparente deturpação. Ele as ouve falando de obras totalmente dessemelhantes como se não houvesse nada para selecionar entre elas. Uma calha de ser refinada, e outra, vulgar; uma é genuína, e outra, uma manifesta contrafação fraudulenta. Mas essas diferenças triviais parecem passar um tanto despercebidas. Existem homens, eu suponho, que enfrentam dificuldade em distinguir entre um cão e um garfo de tostar; mas é raro encontrá-los, porque eles estão quase todos em hospícios. Mas homens que fracassam em distinguir entre obras de arte que, para o crítico sensível, são no mínimo tão dessemelhantes quanto cães e garfos de tostar, tais homens não correm nenhum risco de ser classificados como loucos. Pelo contrário, eles parecem estar destinados a se tornar, na maioria dos casos, ou diretores dos nossos mais esplêndidos colégios ou então primeiros-ministros.

Até mesmo os maiores escritores (para retornarmos ao nosso tema original) podem ser de quando em quando culpados da mais chocante vulgaridade emocional. Balzac e Dickens nos abastecerão, em *Seráfita* e *A velha loja de curiosidades*, com impressionantes exemplos de diversos tipos dessa vulgaridade.

Sérafita é a obra mais considerável na seção da *Comédia humana* devotada à religião em geral e em particular (pois Balzac tinha sempre um interesse especial pelo misticismo) à religião mística. "Misticismo? Você está querendo dizer *misty schism*"* foi a observação certa vez feita para um amigo meu (que anda, como eu, ai de mim, não ando, pelos mais altos círculos eclesiásticos) por uma mais do que ordinária Eminência eminente. O trocadilho não é dos piores e, assim como as melhores asneiras, esconde verdades. Porque a literatura do misticismo, que é a literatura sobre o inexprimível, é na maior parte nebulosa mesmo – um fog londrino, mas colorido de rosa. É somente nas obras dos melhores escritores místicos que o fog se levanta – para revelar o quê? Uma estranha alternância entre luz e escuridão:

* "*Cisma nebuloso.*" (N.T.)

luz para os limites do possivelmente iluminável e depois disso a escuridão do paradoxo e da incompreensibilidade, ou a noite ainda mais profunda e absoluta do silêncio. Basta quanto à névoa. Quanto ao cisma, este sempre teve uma tendência de abrir seus abismos em volta dos pés dos místicos católicos. A Igreja suspeitou, em todas as épocas e muito naturalmente, daqueles que insistem em se aproximar de Deus por meios diretos e não através dos canais eclesiásticos oficiais. E por seu lado, fortes em seu conhecimento imediato de Deus, os místicos muitas vezes dispuseram de um caminho mais curto com dogmas, ritos e sacerdócio. O misticismo traz consigo a decadência da autoridade. O processo é, pelo menos até certo ponto, reversível; a decadência da autoridade leva ao misticismo. Pois quando quer que, graças ao crescimento do ceticismo, os dogmas acabam se tornando inacreditáveis e o sacerdócio perde o seu prestígio mágico, então o misticismo ganha o seu próprio prestígio – o seu prestígio, de qualquer maneira, enquanto teoria filosófica, embora não necessariamente enquanto modo de vida prático. A religião mística é a religião ideal para os desconfiados – estes cismáticos rematados que se separaram de toda espécie de crença. Porque o místico fica dispensado de *acreditar* em Deus no nível intelectual; ele *sente* Deus. Ou, para definir com maior precisão, ele experimenta (na expressão do professor Otto) uma emoção "numinosa", que ele terá liberdade para racionalizar sob a forma de um dogma teológico – ou não racionalizar, de acordo com seu gosto; pois é perfeitamente possível experimentar uma emoção numinosa sem acreditar na existência de um *numen*, ou divindade, como causa hipotética.

O ceticismo contemporâneo é temperado pelas superstições habituais – crença em fantasmas, preocupação com mágica e coisas do tipo – e também por um interesse pelo misticismo. Em certos casos esse interesse encontra uma expressão prática. Mas como a prática da religião acarreta a prática do ascetismo, e como o ascetismo não é popular nesta era de produção em massa, quando o primeiro dever de todo bom cidadão é consumir tanto quanto lhe for possível, o nosso interesse pelo misticismo é sobretudo teórico e científico.

É dolorosamente fácil para um cético, que é também um místico amador, teórico e não praticante, cair na insinceridade artística quando escreve os tipos de experiências religiosas que lhe interessam. Pois escrever de modo convincente sobre coisas que você não conhece de primeira mão é muito difícil. A tentação é sempre compensar a deficiência de conhecimento por meio de ênfase estilística e redundância, por meio de protestos demasiados. Apenas aqueles que escrevem consumadamente bem podem ter esperança, em tais circunstâncias, de evitar a insinceridade e a vulgaridade.

Balzac tinha quase todos os dons. Só dois lhe faltavam – o dom de escrever bem e o dom do misticismo (tanto no sentido mais nebuloso e mais cismático quanto no sentido mais definido da palavra). Isso lhe foi um tanto desafortunado, porque ele escolheu escrever como profissão e o misticismo foi a temática de grande parte da sua escrita.

Onde quer que ele esteja lidando com assuntos dos quais tenha um natural conhecimento de primeira mão, nós não percebemos os defeitos da prosa de Balzac. Na verdade, ela não é defeituosa. É somente nos casos em que ele de fato não sabe o que está falando que os defeitos de Balzac como estilista emergem e se tornam evidentes num nível perturbador. Porque nesses casos ele protesta de maneira exagerada – com resultados fatais.

Balzac, eu creio, era menos um místico natural do que quase qualquer outro grande escritor. Ele tinha um prodigioso conhecimento intuitivo do homem como animal social, do homem em suas relações mundanas com outros homens. Mas do homem na solidão, do homem em suas relações com o universo e com as misteriosas profundezas dentro de si mesmo – numa palavra, do homem enquanto animal místico –, ele sabia, pessoalmente e de primeira mão, muito pouco. Eu me lembro de certo dia dizer algo desse tipo para D.H. Lawrence, que assentiu sua concordância comigo e resumiu a questão dizendo que Balzac era "um anão gigantesco". Um anão gigantesco – gigantesco em seu poder de compreender e recriar de maneira vívida todas as atividades concebíveis relacionadas ao mundo, com todos os sentimentos e pensamentos que o mundo pode fazer nascer numa mente humana; mas nanico quando se tratava de lidar em termos artísticos com as atividades íntimas que ocupam a mente quando um homem está vivendo em solidão, ou ainda – uma individualidade nua – num relacionamento não mundano com a individualidade nua de outros seres humanos. Nanico, em suma, precisamente nos aspectos nos quais Lawrence era gigantesco; e gigantesco numa esfera em que Lawrence, o menos mundano dos escritores, não existia, nem mesmo queria existir.

Religião e, em seu sentido mais amplo e nebuloso, misticismo têm um lugar importante na vida humana. Ambicioso por completar sua *Comédia*, Balzac deu à série um lugar importante em sua obra. Além disso, ele tinha o verdadeiro ardor romântico pelo claro-escuro. Ele adorava unir, em contraste pitoresco, este mundo com o céu do idealismo, anjos com vilanescos Du Tillys e Nucingens, ambiciosos Rastignacs com sábios desinteressados ao máximo, artistas e santos. De fato, se jamais tivesse existido algo que se assemelhasse ao misticismo, Balzac teria sido compelido por seus princípios artísticos a inventá-lo; porque a colossal estátua de Mamon em seu panteão demandava com urgência, como parelha e contraste, uma estátua não menos colossal do Idealismo para preencher o nicho vago no lado oposto da nave. Infelizmente para a reputação de Balzac como escritor religioso, o misticismo existe, e com ele um considerável corpo de literatura mística, boa, ruim e mediana. Existem parâmetros com os quais julgar obras tais como *Seráfita* e *Louis Lambert.* Julgado por esses parâmetros, o misticismo de Balzac prova ser uma coisa bastante fraca e ao mesmo tempo (e por essa exata razão) bastante pretensiosa. "*Quelle froide plaisanterie!*"* foi o resumo de seu Don Juan para o universo; e isso, eu acredito, era o que o Balzac essencial sentia, de forma natural e intuitiva, sobre o negócio todo. Talvez – seu próprio temperamento sendo mais otimista do que o de Don Juan – ele pudesse julgar esse divertimento antes quente do que frio; contudo, qualquer que fosse a temperatura, era sempre uma piada, enorme, ruim e um tanto maliciosa. Nesse cinismo natural Balzac enxertava, por um processo e como resultado de reflexão, ideais, religião, anjos, Swedenborg – nada escapava. Mas é significativo que, sempre que ele escrevia sobre essas coisas, ele escrevia, como Blake declarou que Milton escrevia sobre Deus, "acorrentado" (por correntes elásticas; porque elas lhe permitiam espernear e gesticular com grande violência); e que, sempre que ele escrevia sobre um tema que lhe permitisse dar expressão a seu cinismo intrépido e natural, ele escrevia à vontade e, relativamente, muito bem.

A moda, sem dúvida, assim como a filosofia e uma ambição de alcançar a universalidade, teve influência no

---

* Que piada sem graça! (N.E.)

direcionamento de Balzac, apesar de seu temperamento, no rumo do misticismo. Ele viveu naquela estranha época de reação católica quando rapazes elegantes da cidade acorriam ao Abbé Dupanloup para estudar o catequismo e quando, na frase de Joseph de Maistre, a irreligião era *canaille*. Transformando a necessidade política tanto em prazer quanto em virtude, os contemporâneos de Balzac usaram a religião restaurada como fonte de excitação emocional. Sem acreditar a sério (algo difícil no começo do século XIX), eles iam à igreja em função dos calafrios estéticos e "numinosos" que ela podia fornecer. Para usar o jargão moderno, eles estavam interessados na experiência religiosa, não nos dogmas religiosos, dos quais faziam uso apenas para obter as experiências prazerosas. (Assim empregada, uma crença intelectual na existência de um Deus ora amoroso e ora furioso pode produzir deliciosos calafrios alternados de confiança e terror.) Balzac "fazia parte do movimento" – porém, como de costume, movendo-se muito mais rápido e com muito mais violência do que a corrente pela qual era levado. Por natureza um intrépido cínico e cético (*plus il vit, plus il douta**), ele conseguia se transmutar às vezes, pela pura força do faz de conta, num elegante frequentador de igreja, num mais do que elegante swedenborguiano. A superstição característica de todos os céticos (pois para um pirronista absolutamente tudo é possível) vinha em seu auxílio aqui. Além disso, como a maioria dos grandes homens, ele era um pouco charlatão; ele adorava impressionar seus leitores, adorava lhes contar a resposta para o Enigma do Universo – direto da fonte, por assim dizer. (Para um palpiteiro filosófico, Swedenborg e Boehme são óbvios vencedores.) Por fim, Balzac tinha o interesse de um literato inteligente

* Quanto mais via, mais duvidava. (N.E.)

pela ciência – esse interesse um tanto irresponsável do homem que jamais teve qualquer treinamento científico, jamais fez qualquer trabalho científico prático e para o qual, por consequência, a ciência é apenas uma arte mágica, como qualquer outra, porém mais respeitável, afiançada como é por feiticeiros que receberam títulos de cavaleiro e rosetas da Legião da Honra. Tampouco consegue o literato inteligente distinguir muito entre um e outro cientista; as únicas preferências que ele tem são por cientistas que ele tem condições de entender e por aqueles que lidam com o tipo de assunto que se presta para tratamento literário. O que em geral significa, na prática, que ele prefere maus a bons cientistas. No tempo de Balzac o cientista favorito do literato não era Laplace ou Faraday, e sim Mesmer – assim como hoje é para os mais desatinados freudianos e não para Einstein ou Pavlov que ele dirige suas atenções. A ciência – a ciência do literato inteligente – parece confirmar as doutrinas nebulosas e cismáticas do misticismo. Isso, para Balzac, era uma justificação a mais, se alguma era necessária, para sentir, ou tentar sentir, ou de todo modo dizer sentir as emoções místicas que todas as melhores pessoas, da *ultra* duquesa com seus *six cent milles livres de rente* descendo até o mais humilde santo do calendário, estivessem sentindo ou tivessem sentido.

Eu me demorei por tanto tempo em Balzac porque sinto que o caso dele é muitíssimo instrutivo, de uma profunda relevância. Ele se lançou à tarefa de reavivar na pessoa do romancista o homem do conhecimento universal, o criador-de-todos-os-ofícios, que era a glória do Renascimento. Sua ambição era saber tudo, tanto no mundo exterior quanto no interior; saber tudo e ser todos – sim, ser ao mesmo tempo místico e mundano, idealista bem como cínico, contemplativo não menos do que homem de ação. Que ele tenha realizado até mesmo uma parte dessa imensa ambição é um sinal de seu extraordinário poder. Seus problemas são os problemas que confrontam o romancista contemporâneo que aspira não de fato à universalidade (porque só um lunático ou um super-homem consciente acalentaria tais ambições hoje em dia) mas, com mais modéstia, à inteligência, à percepção da contemporaneidade, ao autoconhecimento, à verdade, à integridade artística. E as tentações pelas quais Balzac foi acossado, os perigos que o ameaçaram e os desastres artísticos que o acometeram são precisamente as tentações, os perigos e os desastres em meio aos quais o romancista contemporâneo precisa, caso tenha um mínimo de ambição, escolher seu caminho.

Em *Seráfita* vemos um exemplo aterrorizante do desastre que acomete os escritores quando estes sucumbem à tentação de protestar demais a respeito de assuntos sobre os quais eles conhecem pouco demais. (Eu uso a palavra "conhecer" para dar a entender, neste caso, o conhecimento imediato, de primeira mão, que nasce do sentimento.) Balzac tinha um considerável conhecimento abstrato do misticismo; seu crime era que ele também fingia ter um sentimento intuitivo e emocional vindo de seu íntimo, e seu infortúnio era que ele não dominava, ou perdera, os artifícios literários por meio dos quais poderia ter tornado convincente esse fingimento. "Perdera" – porque, como eu disse, Balzac era capaz de escrever, talvez não com beleza superior, mas bem e com vigor suficiente sobre o seu amado Mundo, assim como Milton era capaz de ser sublime sem afetação escrevendo sobre a Carne (seu relato do primeiro casamento brilha com uma incandescência quase extraterrena de sensualidade) e o indomável Diabo, cuja autoestima era fundada, como a do próprio Milton, no "justo e correto". No momento em que Balzac teve de protestar demais, como teve de fazer falando de assuntos que não moravam perto de seu coração, ele perdeu seu poder de escrever bem e afundou ou se elevou no pomposo.

Seráfita é caracterizado por uma peculiar vulgaridade emocional. Em sua tentativa de expressar as emoções místicas que ele não tem ao natural, Balzac é forçado a cometer incessantes exageros. Não apenas os próprios personagens protestam, tanto nas falas quanto nos atos, com grande demasia – os símbolos com os quais Balzac os cerca também protestam demais. Seria fácil, por meio de citações extensas, ilustrar o que até aqui eu disse sobre *Seráfita*. Mas o mundo e o tempo me são escassos, e eu preciso me contentar com a citação de uma só frase, dentro da qual Balzac enfiou à força, de modo considerável, exemplos de quase todos os defeitos que caracterizam sua escrita mística. "E com um dedo levantado essa criatura singular mostrou para ela a auréola azul que as nuvens, deixando um espaço aberto acima de suas cabeças, haviam desenhado no céu e na qual as estrelas podiam ser vistas à luz do dia, em virtude de leis atmosféricas até então inexplicadas." Nessas poucas linhas Balzac sucumbiu a três tentações diferentes. Primeiro, em sua ansiedade por nos impressionar com os méritos místicos de sua Seráfita, ele a chamou de "criatura singular". (Ele lhe dá vários outros títulos honoríficos semelhantes no decorrer de sua narrativa: ela é "única", "inexplicável" e coisas do tipo.) O adjetivo protesta demais a respeito de um assunto cujo esclarecimento era tarefa da história em si e não do autor comentarista.

Consideremos, em segundo lugar, essa auréola de céu azul que persegue Seráfita em todas as suas perambulações como um cão celestial, por mais que o clima esteja nublado. Esse símbolo é tão obviamente poético, fala sobre Coisas Elevadas num volume tão significativo que falha em impressionar – apenas choca, como os anéis de diamante simbólicos da opulência levantina também apenas chocam, sem impressionar. As estrelas são somente um conjunto de gemas de diamante para combinar com os anéis. Mas nas leis atmosféricas até então inexplicadas, em virtude das quais elas são visíveis à luz do dia, nós temos uma outra vulgaridade, um tanto nova – dessa vez, uma vulgaridade intelectual. É o Balzac charlatão, o Balzac palpiteiro filosófico nos dando um pouco de informação especializada, direto da científica fonte segura. Ora, uma pessoa pode falar com grande conhecimento de causa num romance, poema ou outro trabalho de arte literária inclusive sobre coisas como leis atmosféricas até então inexplicadas e não ser necessariamente vulgar; mas apenas sob a condição de que fale com delicadeza e perfeita relevância. O sujeito precisa ser, como Jean Cocteau disse sobre o mais universalmente conhecido dos romancistas modernos, monsieur Paul Morand, "*un noveau riche qui sait recevoir*". Monsieur Morand tem um jeito maravilhosamente gracioso e tranquilo de deixar implícito que ele averiguou tudo – tudo mesmo, de Deus e da Teoria Quântica aos cortiços de Baku (os cortiços mais sofisticados do mundo – você não sabia?), da família Vanderbilt e de todos os hotéis Ritz à poesia não publicada do Padre Hopkins. Somente uma rápida e passageira implicação de conhecimento, somente a palavra certa em cada caso particular, a fórmula esotérica absolutamente correta – isso é tudo. Monsieur Morand é quase o perfeito conhecedor literário; é muito difícil, ao menos em seus primeiros livros, que ele cometa um engano. Balzac era sério demais em seu charlatanismo, sua ambição era vasta demais; ele era enérgico demais para ser um anfitrião intelectual muito delicado; por mais rico que fosse, não sabia receber. Assim, no presente caso, ele caiu em vulgaridade porque não conseguiu resistir à tentação de ser conhecedor num momento muitíssimo importante. A informação saída direto da fonte sobre leis atmosféricas foi inserida de modo absurdo e irrelevante no meio de um símbolo poético – um símbolo poético demais, como vimos, o que apenas torna mais aparente a incongruência. Auréolas azuis fazem parte do uniforme de um anjo, tão *de rigueur* entre querubins quanto cartolas numa festa da realeza ao ar livre. Leis atmosféricas inexplicadas nada têm a ver com anjos. Juntando-os dessa forma incôngrua, Balzac chama atenção à vulgaridade de um poder cognoscente que insiste em se exibir a todo custo e em todas as ocasiões.

O caso de Dickens é estranho. A vulgaridade emocional realmente monstruosa da qual ele é culpado aqui e ali em todos os seus livros e de forma quase contínua na *Velha loja de curiosidades* não é a vulgaridade emocional de alguém que simula sentimentos que não tem. É evidente, pelo contrário, que Dickens sentia do modo mais pungente por sua pequena Nell e sentia com ela; que ele chorava por seus sofrimentos, venerava piedosamente sua bondade e exultava com suas alegrias. Ele tinha um coração transbordante; mas o problema era que esse coração transbordava com secreções curiosas e até um tanto repelentes. O criador do posterior Pickwick e dos irmãos Cheeryble, do solteiro Tim Linkinwater e do sr. Garland e tantos outros horrendos e velhos Peter Pans era, obviamente, um pouco anormal em suas reações emocionais. Havia algo um tanto errado com um homem que conseguia obter esse prazer lacrimoso e trêmulo na infantilidade adulta. Ele sem dúvida teria justificado seu medonho gosto emocional com uma referência ao Novo Testamento. Mas as qualidades de caráter louvadas por Jesus nas crianças por certo não são as mesmas que distinguem os infantes velhos nos romances de Dickens. Existe toda a diferença do mundo entre infantes e crianças. Os infantes são estúpidos e inconscientes e subumanos. As crianças são notáveis por sua inteligência e ardor, por sua curiosidade, sua intolerância em relação a imposturas, pela clareza e pela força implacável de sua visão. Segundo todos os relatos, Jesus deve ter sido uma criança, e nem um pouco um infante. Um homem com temperamento de criança não é um homem cujo desenvolvimento tenha sido interrompido; pelo contrário, ele é um homem que deu a si mesmo uma chance de continuar a se desenvolver muito tempo depois que a maioria dos adultos se amortalhou no casulo da meia-idade, do hábito e da convenção. Um homem infantil é aquele que não se desenvolveu em nenhuma medida, ou que regrediu para o ventre, para dentro de uma confortável inconsciência. Longe de ser louvável e atraente, um homem infantil é na verdade uma criatura muitíssimo repulsiva, porque verdadeiramente monstruosa e disforme. Um escritor que consegue, entre lágrimas, adorar esses robustos ou cadavéricos bebês velhos, abrigados com aconchego em seus mentais e econômicos arremedos de ventre e chupando, entre dentes falsos, seus polegares, deve ter algo seriamente problemático na sua constituição emocional.

Uma das peculiaridades mais marcantes de Dickens é que, sempre que em sua escrita ele se torna emocional, ele deixa no mesmo instante de usar sua inteligência. O transbordamento de seu coração afoga sua cabeça e até mesmo turva seus olhos; porque, sempre que está num ânimo derretido, Dickens deixa de ser capaz e provavelmente deixa inclusive de desejar ver a realidade. Seu primeiro e único desejo nessas ocasiões é apenas transbordar, nada mais. E ele o faz, com um furor e num atroz verso branco que pretende ser prosa poética e só consegue ser o pior tipo de pomposidade. "Quando a Morte abate o inocente jovem, de cada corpo frágil da qual liberta o espírito arquejante, cem virtudes brotam, sob formas de caridade, misericórdia e amor, para percorrer o mundo e abençoá-lo. De cada lágrima que os mortais aflitos derramam em tais verdes sepulturas, algo bom nasce, uma natureza mais gentil irrompe. Nas pegadas do Destruidor surgem criações brilhantes que desafiam o seu poder, e o seu caminho escuro torna-se um caminho de luz para o céu." E assim por diante, um fluxo inestancável.

Mentalmente afogado e cego pelo transbordamento pegajoso de seu coração, Dickens era incapaz, quando comovido, de recriar em termos de arte a realidade que o comovera, e era inclusive, ao que parece, incapaz de perceber essa realidade. Os sofrimentos e a morte da pequena Nelly o angustiaram como, na vida real, angustiariam qualquer homem normalmente constituído; porque o sofrimento e a morte de crianças levantam o problema do mal em sua forma mais irrespondível. Era tarefa de Dickens, como escritor, recriar em termos de sua arte essa realidade angustiante. Ele fracassou. A história da pequena Nell é de fato angustiante, mas não como Dickens presumivelmente quis que fosse angustiante; é angustiante em sua inépcia e seu sentimentalismo vulgar.

Uma criança, Iliúchetchka, sofre e morre em *Os irmãos Karamázov*, de Dostoiévski. Por que razão essa história nos comove tão dolorosamente, quando a da pequena Nell nos deixa não apenas frios, mas derrisórios? Comparando as duas histórias, somos no mesmo instante impressionados pela riqueza incomparavelmente maior em detalhes factuais na criação de Dostoiévski. O sentimento não o impediu de ver e registrar, ou melhor, recriar. Tudo o que aconteceu no leito de morte de Iliúchetchka ele viu, infalivelmente. A emoção cega de Dickens não notou praticamente nada do que se passou nos arredores da pequena Nelly durante os últimos dias da menina. Somos quase forçados, de fato, a crer que ele não queria ver nada. Dickens queria ser ele mesmo desconhecedor e queria que os seus leitores não tivessem conhecimento de nada exceto os sofrimentos da pequena Nell, por um lado, e a inocência e bondade dela por outro. Mas inocência e bondade e o não merecimento do sofrimento e até mesmo, em certa medida, o próprio sofrimento só são significativos em relação às realidades efetivas da vida humana. Isolados, eles deixam de significar qualquer coisa, talvez de existir. Mesmo os escritores clássicos cercavam os seus personagens abstratos e algébricos com pelo menos a abstrata e algébrica implicação das realidades humanas, em relação às quais as virtudes e os vícios são significativos. Graças ao desconhecimento patologicamente deliberado de Dickens, as virtudes de Nell são abandonadas, por assim dizer, no meio de um ermo ilimitado de irrealidade; isoladas, eles desvanecem e morrem. Até mesmo os sofrimentos e a morte da menina perdem significado por causa desse isolamento. O desconhecimento de Dickens foi a morte da própria morte. O desconhecimento, segundo a ética do budismo, é um dos pecados capitais. Os estúpidos são malévolos. (Aliás, os mais astutos homens podem, por vezes e em certas circunstâncias, revelar-se como profundamente – criminalmente – estúpidos. Você pode ser um lógico sagaz e ao mesmo tempo um cretino emocional.) Condenados no reino da conduta, os desconhecedores também são condenados esteticamente. Sua arte é ruim; em vez de criar, eles matam.

Arte, como eu já disse, é também filosofia, também é ciência. Inalteradas as outras coisas, a obra de arte que a seu próprio modo "diz" mais sobre o universo será melhor do que a obra de arte que diz menos. (As "outras coisas" que precisam ficar inalteradas são as formas da beleza, sob cujos termos o artista deve expressar suas verdades filosóficas e científicas.) Por que *O rosário** é um romance menos admirável do que *Os irmãos Karamázov*? Porque a quantidade de experiência de todos os tipos entendida, "sentida por dentro", como diriam os alemães, e artisticamente recriada pela sra. Barclay é pequena em comparação com a quantidade que Dostoiévski sensivelmente compreendeu e soube tão bem recriar em termos da arte do romancista. Dostoiévski cobre todo o terreno da sra. Barclay e uma vasta área em volta. As partes patéticas da *Velha loja de curiosidades* são tão pobres em experiência entendida e artisticamente recriada quanto *O rosário*; na verdade, acho que são até mesmo mais pobres. E ao mesmo tempo elas são vulgares (coisa o que *O rosário*, verdadeira obra-prima do salão dos criados, não é). Elas são vulgares porque a sua pobreza é uma pobreza pretensiosa, porque a sua doença (pois a qualidade do sentimentalismo de Dickens é verdadeiramente patológica) professa ser a mais radiante saúde; porque protestam a sua falta de inteligência e de entendimento com uma veemência de florida enunciação que é não só chocante mas também ridícula.

* Romance, publicado em 1909, da inglesa Florence Louisa Barclay (1862-1921). (N.E.)

IMPRESSÃO:

GRÁFICA EDITORA Pallotti IMAGEM DE QUALIDADE

Santa Maria - RS - Fone/Fax: (55) 3220.4500
www.pallotti.com.br